Klaus Moser

Commitment in Organisationen

Verlag Hans Huber
Bern · Göttingen · Toronto · Seattle

Der Autor:
Prof. Dr. Klaus Moser
Lehrstuhl für Psychologie
der Universität Hohenheim
Institut 540 F
D-70593 Stuttgart

Die Deutsche Bibliothek – CIP-Einheitsaufnahme

Moser, Klaus:
Commitment in Organisationen / Klaus Moser. – 1. Aufl. – Bern ; Göttingen ; Toronto ; Seattle : Huber, 1996
  (Aus dem Programm Huber: Psychologie-Praxis Organisation, Arbeit, Wirtschaft)
  ISBN 3-456-82735-0

1. Auflage 1996
© Verlag Hans Huber, Bern 1996
Druck: AZ Druckhaus, Kempten
Printed in Germany

Inhaltsverzeichnis

	Vorwort	VII
1.	Konsistentes Verhalten als Bestandteil strukturellen Commitments	1
2.	Konsistentes Verhalten erklärt Commitment	9
3.	Commitment als Ergebnis eines Wartekonflikts	15
4.	Das Investitionsmodell	27
5.	Commitment erklärt konsistentes Verhalten	34
6.	Involvement	49
7.	Commitment, Involvement und Arbeitszufriedenheit	59
8.	Commitment in modernen Organisationen	68
9.	Commitment in utopischen Gesellschaften	76
10.	Die negative Seite von Commitment	83
11.	Ausblick	91
	Literatur	95
	Autorenverzeichnis	106
	Stichwortverzeichnis	110

Vorwort

Commitment heißt wörtlich übersetzt "Bindung". Gebunden sein oder sich gebunden fühlen kann ein struktureller Sachverhalt oder ein psychologischer Zustand sein. Die Unterschrift unter einen Mietvertrag stellt eine *strukturelle Bindung* dar, zurückzuführen auf einen äußeren Umstand wie z.B. das Zivilrecht. Dieselbe Unterschrift kann aber auch zu der *Empfindung* führen, an eine Zusage gebunden zu sein, z.B. eine Wohnung im Sinne des Vermieters pfleglich zu behandeln. Strukturelle und empfundene Bindung können miteinander einhergehen, beispielsweise im Falle einer Liebesheirat oder der Beziehung zwischen Eltern und Kind. Beide Formen können aber auch unabhängig voneinander existieren, etwa im Falle der Aufrechterhaltung eines Kaufvertrags für ein Produkt (strukturelle ohne empfundene Bindung) oder der Einhaltung eines Versprechens einer fremden Person gegenüber (empfundene ohne strukturelle Bindung).

Commitment kann sich auf Personen, aber auch auf Organisationen oder Produkte beziehen. Bindung gegenüber Organisationen kann als *organisationales Commitment* bezeichnet werden, Commitment gegenüber Personen als *Treue*, Commitment gegenüber Produkten oder Marken als *Produkt- oder Markentreue*. In allen Fällen geht es sowohl darum, bestimmte Verhaltensweisen bzw. die Bereitschaft hierzu zu *zeigen* als auch auf andere Verhaltensweisen zu *verzichten*. Im Falle der strukturellen Bindung ist es dabei der *Verzicht*, der im Vordergrund steht: Man hält den Vertrag ein, man ist treu usw.

Im Falle der empfundenen Bindung wird die Bereitschaft zum Verzicht intensiver sein: man verzichtet auch dann, wenn die im Falle der Wahrnehmung einer Alternative drohenden Sanktionen schwach sind. Und da die empfundene Bindung aktiv *bejaht* wird, wird man auch etwas unternehmen, um i.S. dieser Bindung zu handeln. *Strukturelles* Commitment hat also einen eher "passiven" Charakter, *empfundenes* Commitment hat motivationale Komponenten.

In der vorliegenden Untersuchung werden wir uns vor allem mit „organisationalem Commitment" befassen, also mit der strukturell bedingten und/oder empfundenen *Bindung an eine Organisation*. Die Organisationen, um die es sich hierbei handelt, werden vornehmlich Wirtschaftsunternehmen sein, es wird aber auch um religiöse Organisationen, Krankenhäuser, öffentliche Verwaltungen, Universitäten usw. gehen.

Wie verhalten sich die beiden Formen von Bindung zueinander? Zunächst einmal gehen beide mit dem Verzicht auf das Wahrnehmen von Verhaltensoptionen einher. Aber sie sind unterschiedlich motiviert und sie motivieren unterschiedlich. Strukturelle Bindung ist das Ergebnis von Umgebungsfaktoren, auf der Erlebnisebene ist sie eher neutral und geht vor allem mit bestimmten *Kognitionen* einher. Gebunden ist man aufgrund positiver oder negativer Sanktionen, aufgrund von *Belohnungen*, für die eine Gegenleistung zu erbringen ist, oder aufgrund von angedrohten *Strafen*, denen man auszuweichen bzw. deren Vollziehung man zu vermeiden sucht.

Das *Empfinden* einer Bindung ist demgegenüber auf der Erlebnisebene nicht neutral, sondern geht mit *Affekten* einher. Man fühlt sich gebunden aufgrund einer positiven Beziehung. *Zwang, Belohnung und Affekt sind also die drei Mechanismen, die mit Bindung einhergehen können.* Auf Organisationen angewandt bedeutet dies, daß eine Person darauf verzichtet, bestimmte Verhaltensoptionen wie z.B. ein alternatives Stellenangebot wahrzunehmen, weil sie Bestrafungen vermeiden will, Belohnungen erhält oder sich mit der Organisation identifiziert.

Besteht nun aus der Sicht einer Organisation ein Interesse daran, daß ihre Mitglieder bestimmte Verhaltensoptionen *nicht* wahrnehmen? Wenn wir zunächst von der allgemeinen Annahme ausgehen, daß Organisationen mit Hilfe ihrer Mitglieder bestimmte Ziele verfolgen, dann hat jede Organisation ein Interesse daran, daß ihre Mitglieder *partizipieren* und (i.S. der Ziele) *produzieren*. Verzicht auf Verhaltensoptionen heißt für den Fall der Partizipation, die Organisation *nicht* vorübergehend (Absentismus) oder dauerhaft (Fluktuation) zu verlassen. Für den Aspekt des Produzierens heißen die Verhaltensweisen, auf die verzichtet wird, Bummelei, Sabotage und andere nicht-produktive Verhaltensweisen.[1]

Commitment ist also zum einen ein *Epiphänomen*, zum anderen aber auch ein psychologischer Zustand, ein "psychologisches Band" zwischen Person und Organisation. Die seit mehr als drei Jahrzehnten sich entwickelnde Forschung zu "Commitment" ist nur dann nachvollziehbar, wenn diese Unterscheidung immer wieder in Erinnerung gebracht wird. Strukturelles Commitment hat im Gegensatz zum empfundenen Commitment *keinen Erklärungsstatus*, sondern bedarf der Erklärung. In der vorliegenden Untersuchung werden nun verschiedene Variationen von Commitment näher untersucht. Die bis zu dieser Stelle vorgenommene Unterscheidung wird im Laufe der Darstellung weiter differenziert. Für eine erste Einstimmung mag sie aber genügen. Was ist aber der Anlaß dafür, sich mit Commitment zu befassen?

Organisationen stellen mindestens zwei prinzipielle Anforderungen an ihre Mitglieder, sie sollen partizipieren und sie sollen Leistung zum Nutzen der Organisation erbringen. Die Ergebnisse früher Untersuchungen zum Commitment klangen in diesem Sinne vielversprechend, denn Commitment schien ein guter Prädiktor von Fluktuation - als *der* Indikator für Partizipation - zu sein (z.B. Por-

---

[1] Beachtenswert ist, daß *diskrete* Optionen nicht wahrgenommen werden. Die *Güte* der Produktivität ist hingegen nicht alleine bereits durch die *Bereitschaft* zu produzieren gewährleistet. Auswirkungen auf die Leistung (Güte der Produktivität) sind nur insofern zu erwarten, als die bloße Anwesenheit bereits zu mehr Produktivität führt, daß Schäden weniger oft auftreten, oder daß die Bereitschaft zu produzieren sich auf die Leistung auswirkt bzw. (überhaupt) auswirken kann.

ter, Steers, Mowday & Boulian, 1974) und auch mit höherer beruflicher Leistung einherzugehen (Mowday, Porter & Dubin, 1974). Doch eine nähere Auseinandersetzung zeigt nicht nur, daß die Erwartungen in die Erklärungskraft von Commitment nicht immer eintrafen, sondern daß sogar der Erklärungsstatus von Commitment ungewiß ist. Ist z.B. geringe Fluktuationsneigung vorherzusagendes Kriterium oder bereits *Bestandteil* von Commitment? Welche Konsequenzen hat die Unterscheidung verschiedener Formen von Commitment? Die ersten fünf Kapitel der vorliegenden Untersuchung beschäftigen sich mit diesen beiden Fragen, dem Erklärungsstatus und den Formen von Commitment.

In einem nächsten Schritt wird dann auf die Unterscheidbarkeit des Commitment-Konzepts von zwei anderen in der organisationspsychologischen Forschung oft verwendeten Konzepten, Arbeitszufriedenheit und Involvement, eingegangen. Zumal Commitment, Involvement und Arbeitszufriedenheit oftmals vergleichbare Funktionen haben, nämlich Indikatoren für die (veränderte) Qualität des Arbeitslebens zu sein oder "partizipatives" Verhalten wie Fluktuation und Fehlzeiten zu erklären, stellt sich die Frage nach konzeptioneller und empirischer Redundanz (Morrow, 1983): Sollten z.B. in organisationspsychologischen Untersuchungen überhaupt alle drei Aspekte erhoben werden, wenn sie womöglich nur marginal Unterschiedliches erfassen? Diese Unterscheidbarkeitsprobleme werden in den Kapiteln 6 und 7 untersucht.

In drei weiteren Kapiteln wird schließlich auf den Stellenwert des Commitment-Konzepts eingegangen: Welche Bedeutung hat die Schaffung von Commitment für das Überleben und den Erfolg von Organisationen? Lassen sich Konsequenzen sozialtechnologischer Art ableiten? Und gibt es auch negative Konsequenzen von hohem Commitment?

Vorliegende Untersuchung basiert auf der überarbeiteten und gekürzten Habilitationsschrift zum gleichen Thema, welche von der Fakultät Wirtschafts- und Sozialwissenschaften der Universität Hohenheim angenommen wurde. Anstoß zur Auseinandersetzung mit dem Thema "Commitment" war ein Projekt zum Personalmarketing, das ich zusammen mit Prof. Dr. Heinz Schuler durchgeführt habe. Ihm danke ich auch dafür, daß er die vorliegende Arbeit im Anschluß weiter tatkräftig gefördert und mir die zur Fertigstellung erforderlichen Freiräume geschaffen hat. In erwähnter Untersuchung gewonnene Daten bilden zudem die Grundlage eines Teils der in den Kapiteln 6 und 7 berichteten Ergebnisse. Karin Dinkelacker, Dr. Dagmar Höppel und Dr. Guido Hertel haben dazu beigetragen, den Text verständlicher werden zu lassen. Tanja Dünnfründ und Ingo Filsinger waren bei der Erstellung der Register behilflich. Angelika Schick, Heike Fricke und Perdita Müller haben die Schreibarbeiten mit bewährter Sorgfalt erledigt.

Stuttgart und Gießen, im Dezember 1995   Klaus Moser

1. Konsistentes Verhalten als Bestandteil strukturellen Commitments

Gelegentlich begegnet man Menschen, die sich durch eine extreme Bindung an bzw. hohes Commitment gegenüber einer Organisation auszeichnen. Was meint man beispielsweise damit, wenn man das "Commitment" von Anhängern einer Kommunistischen Partei beachtlich findet? "Commitment" wird in einem solchen Fall dazu verwendet, um *konsistentes Verhalten zu erklären.* "Konsistent" meint in diesem Zusammenhang zunächst das Andauern über die Zeit, besagter Anhänger bleibt "seiner" Partei z.B. ein Leben lang treu. Nun kann sich zwar die politische Richtung einer Partei um 180 Grad ändern, aber Konsistenz und insbesondere Commitment meint, daß die Person *selbst dann* Mitglied der Partei bleibt: der Akteur sieht trotz scheinbarer äußerlicher Verschiedenartigkeit diese Aktivitäten als Mittel, ein gleichbleibendes Ziel zu verfolgen.

Menschen weisen Commitment gegenüber einem Ziel auf, sie tun dies über längere Zeit und durch konsistentes Verhalten, das auf eben dieses (von Fall zu Fall veränderliche) Ziel hin ausgerichtet ist. In dem angeführten Beispiel ist es die Partei, die das "Ziel" repräsentiert. Neben zeitlicher Dauer und Konsistenz gibt es schließlich noch eine dritte Komponente von Commitment, nämlich die Ablehnung bzw. Zurückweisung von Alternativen durch den Akteur (Becker, 1960). Commitment setzt sich also aus drei Facetten zusammen: zeitliches Andauern des Verhaltens, Verfolgen eines gleichbleibenden Ziels und Zurückweisung von Alternativen.

Kann man durch das solchermaßen umschriebene Commitment konsistentes Verhalten *erklären*? Erklärt das Commitment des Parteianhängers seine konsistente Parteimitgliedschaft? Welchen *Erklärungsstatus* hat "Commitment" nun tatsächlich? Man sagt zwar, daß jemand eine Verpflichtung eingegangen ist oder sich verpflichtet fühlt und sich nun *deshalb* konsistent verhalten würde, aber ist damit eine empirisch gehaltvolle Aussage getätigt? Die Antwort von Becker lautet, daß es sich hierbei um eine Tautologie handle:[1]

"Wenn wir das Konzept auf diese Art verwenden, ist die Aussage, daß Commitment konsistente Verhaltensweisen produziere, tautologisch, da Commitment, wie auch immer unsere Vorstellung von seiner unabhängigen Existenz aussieht, tatsächlich synonym mit dem Verhalten ist, das es erklären soll" (Becker, 1960, S.35).

Das Argument von Becker (1960) lautet also, daß man konsistentes Verhalten nicht durch Commitment erklären könne, da Commitment durch konsistentes Verhalten *definiert* sei. Man kann nun auf dieses Tautologieargument unterschiedlich reagieren.

---

[1] Die englischsprachigen Zitate wurden vom Autor ins Deutsche übertragen.

Zum einen kann man versuchen, die Definition von Commitment in Frage zu stellen bzw. Fälle heranzuziehen, in denen inkonsistentes Verhalten mit hohem Commitment einhergeht. Man könnte auch versuchen, der vermeintlichen Tautologie empirischen Gehalt abzugewinnen, indem z.B. gezeigt wird, daß konsistentes Verhalten zu Commitment *und* Commitment zu konsistentem Verhalten führt. Aber der überzeugende Nachweis eines solchen sich selbst "aufschaukelnden" Zusammenhangs zwischen Commitment und Konsistenz[2] würde zunächst einmal deren unabhängige Operationalisierbarkeit zur Voraussetzung haben. Die Reaktion von Becker (1960) lautet, daß man nicht konsistentes Verhalten durch Commitment (tautologisch) erklären solle, sondern vielmehr nach den Bedingungen der Entstehung von Commitment (bzw. Konsistenz) zu fragen sei. Becker greift hierzu auf eine Untersuchung von Schelling (1956) zurück, in der das Konzept einer "side bet" (Seitenwette) verwendet wird, um konsistentes Verhalten in einer Verhandlungssituation zu erklären. Da es sich bei der Idee der "Seitenwette" um ein für die Arbeit von Becker (1960) zentrales Konzept handelt, das auch in der Folgezeit immer wieder herangezogen wurde (vgl. Cohen & Lowenberg, 1990), soll sie zunächst etwas ausführlicher dargestellt werden.

Ausgangspunkt ist eine (hypothetische) Verhandlungssituation, in der ein potentieller Käufer 16 Tsd. Dollar für ein Haus bietet, der Verkäufer aber 20 Tsd. Dollar fordert. Der potentielle Käufer führt nun seine Seitenwette an: Er hat mit einer anderen Person um 5 Tsd. Dollar gewettet, daß er nicht mehr als 16 Tsd. Dollar bezahlen wird. Beckers (1960) Schlußfolgerung lautet:

"Ihr Verhandlungspartner muß seine Niederlage eingestehen, da Sie Geld verlieren würden, wenn Sie Ihr Angebot erhöhen; Sie haben sich selbst gebunden, nicht mehr zu bezahlen als Sie ursprünglich geboten haben" (S.35).

Das zentrale Merkmal einer Seitenwette besteht also darin, daß durch die Einbeziehung von an sich irrelevanten "Interessen" eine Inkonsistenz (Abweichen vom Gebot) so "teuer" würde, daß sie nicht mehr möglich ist. Seitenwetten können nun auch im organisationalen Kontext auftreten und dazu führen, daß bei Organisationsmitgliedern Commitment entsteht. Becker (1960) nennt hier eine Reihe von Beispielen:

– *Generalisierte kulturelle Erwartungen:* Man würde nicht vertrauenswürdig wirken, wenn man (allzu schnell) den Arbeitsplatz wechselt.

---

[2] Gemeint ist hier und im folgenden Konsistenz auf der *Verhaltens*ebene (vgl. Moser, 1991).

- *Bürokratische Regelungen:* Man verliert bei einem Organisationswechsel Pensionsansprüche.

- *Individuelle Anpassungsprozesse an soziale Positionen:* Man paßt sich an spezifische Normen und Erfordernisse an, die Leistungserbringung fällt leichter, und man verliert zugleich die Anpassungsfähigkeit an Alternativen.

- *Vermeidung eines "Gesichtsverlusts":* Man versucht, den Eindruck, den man bei anderen Personen erzeugt hat, konsistent zu erhalten.

Becker (1960) betont, daß diese vier Faktoren nur Beispiele dafür sind, wie Commitment i.S. von konsistentem Verhalten entsteht bzw. beibehalten wird. Dabei muß Commitment nicht bewußt und überlegt entstehen. Commitment ist oft das Ergebnis einer Reihe von jeweils für sich betrachtet unbedeutenden Verhaltensweisen und wird erst im Falle der Drohung, diese Seitenwetten zu verlieren, bewußt. Die inhaltliche Ausgestaltung von Seitenwetten hängt davon ab, was überhaupt einen Wert für die beteiligte Person hat, denn sie lassen sich oft nicht eindeutig monetär bewerten.[3]

Welche konkreten Seitenwetten lassen sich nun spezifizieren, die mit Konsistenz einhergehen, wobei Konsistenz über lange Organisationszugehörigkeit operationalisiert sei? Zunächst einmal ist die *bisherige* Dauer der Organisationszugehörigkeit anzuführen, da diese plausiblerweise generell mit der Wahrscheinlichkeit, daß Seitenwetten vorliegen, korreliert sein dürfte. Zudem ist es damit auch wahrscheinlicher, daß man sich gut angepaßt und spezialisiert hat. Schließlich ist es wahrscheinlicher, eine hierarchisch höhere Position erreicht oder ein höheres Einkommen erzielt zu haben. Analoge Annahmen sind für das Lebensalter plausibel. Das *Ausbildungsniveau* ist demgegenüber eine Variable, die negativ mit konsistentem Verhalten korreliert sein sollte, insofern es die Anpassungsfähigkeit an Alternativen verbessert. Eine Seitenwette zu erkennen bzw. zu empfinden ist schließlich auch das Ergebnis eines Vergleichsprozesses mit Alternativen. Damit ist gemeint, daß *Investitionen*, die mit dem bisherigen Verhalten einhergegangen sind, verlorengehen, wenn Alternativen wahrgenommen werden (z.B. Pensionsansprüche, die aufgrund von Einzahlungen in eine Pensionskasse entstanden sind). Schließlich stellen auch "immaterielle" Qualitäten wie z.B. ein gutes Betriebsklima nach Becker (1960, 1964) eine Seitenwette dar, insofern es sich um einen Aspekt handelt, der nicht "unmittelbar" mit der (vergüteten) Tätigkeit verknüpft ist. Daher kann auch angenommen werden,

---

[3]Der Begriff der "Seitenwette" klingt allerdings etwas mißverständlich, wenn Becker (1964) schreibt, daß er sich auf andere Aspekte als Einkommen und Arbeitsbedingungen beziehe, die mit dem gegenwärtigen Arbeitsplatz verknüpft seien. Aber er scheint wohl der Auffassung zu sein, daß alleine diese Faktoren die "objektiven" Eigenschaften eines Arbeitsplatzes ausmachen.

daß die Zufriedenheit mit nicht unmittelbar tätigkeitsbezogenen Aspekten der Arbeit mit Commitment korreliert ist.

Fassen wir zusammen: Becker (1960) schlägt vor, das Entstehen von Commitment über Seitenwetten zu erklären. Commitment bedeutet, daß Verhalten zeitlich andauert, zielgerichtet ist und mit dem Ausschlagen von Alternativen einhergeht. Für den Anwendungsfall des organisationalen Verhaltens kann Commitment insbesondere im Aufrechterhalten der Organisationszugehörigkeit bestehen. Seitenwetten erklären, warum das Commitment existiert und fortdauert.

Mittlerweile hat es zahlreiche Überprüfungen der Seitenwettentheorie gegeben. Eine empirische Bestätigung berichtet z.b. Sheldon (1971). Investitionen führen nach Sheldon zu Commitment, da die Möglichkeiten beschränkt werden, Alternativen wahrzunehmen. Als Investitionsfaktoren wurden Alter, Dauer der Organisationszugehörigkeit und hierarchische Position untersucht, die alle positive Zusammenhänge mit Commitment aufwiesen.

Ritzer und Trice (1969) fragten Führungskräfte, in welchem Ausmaß sich verschiedene Parameter wie Bezahlung, Freiheit, Status, Verantwortung und Aufstiegsmöglichkeiten verändern müßten, damit sie es für gerechtfertigt halten würden, den Arbeitsplatz zu wechseln. Hohes Commitment sollte dann vorliegen, wenn sie *trotz* sehr attraktiver Alternativen ihren Arbeitsplatz nicht wechseln wollten. Ritzer und Trice (1969) konnten keine Zusammenhänge zwischen dem solchermaßen erfaßten Commitment und Alter oder Bildungsgrad finden.[4]

Das Vorgehen von Ritzer und Trice (1969) ist aber unmittelbar kritisiert worden. So hält es Stebbins (1970) für problematisch, daß Ritzer und Trice (1969) zwei Varianten von Commitment nicht deutlich genug auseinandergehalten hätten, *wertbezogenes* Commitment und *fortsetzungsbezogenes* Commitment. Stebbins (1970) ist der Auffassung, daß es sich bei der Art der Operationalisierung von Commitment, wie sie Ritzer und Trice (1969) vorgenommen haben, um *wertbezogenes* Commitment handle. Stebbins (1970) charakterisiert wertbezogenes Commitment dadurch, daß die subjektiv bedeutsamen Belohnungen untersucht worden seien. Demgegenüber sei aber die Theorie von Becker (1960) eine Theorie des *fortsetzungsbezogenen* Commitments. Nach Stebbins (1970) besteht fortsetzungsbezogenes Commitment im Bewußtsein, daß es unmöglich sei, eine andere soziale Identität zu wählen, da mit einer solchen Änderung *Strafen* verbunden seien (vgl. auch Stebbins, 1971). Der zentrale Punkt besteht also darin, daß Belohnungen und Bestrafungen in ihrer Funktion zu berücksichtigen sind. Fortsetzungsbezogenes Commitment ist ein psychologischer Zustand, der sich nicht aus der Existenz von *Belohnungen* ergibt, sondern aus *Bestrafungen*, die damit verknüpft sind, eine bestimmte Position oder Verhaltensweise aufzugeben oder verlassen zu wollen. Die Theorie des fortsetzungsbezogenen Commitments ist eine *Theorie erzwungenen Verhaltens* (Stebbins, 1970,

---

[4]Der einzige statistisch signifikante Zusammenhang fand sich mit der Höhe des gegenwärtigen Einkommens, die allerdings keine Seitenwette i.S. von Becker (1960) darstellt.

S.527). Fortsetzungsbezogenes Commitment beruht darauf, daß die gegenwärtige Position mit weniger Strafen verbunden ist als alternative Positionen, während wertbezogenes Commitment besagt, daß die gegenwärtige Position mit höheren Belohnungen verbunden ist als alternative Möglichkeiten. Da aber Ritzer und Trice (1969) nach den Anreizen oder Belohnungen im Falle eines Stellenwechsels fragten, kommt Stebbins (1970) zur Schlußfolgerung, daß die Ergebnisse von Ritzer und Trice (1969) für die Theorie von Becker (1960) weitgehend irrelevant seien: Es sei eine unzulängliche Operationalisierung von (fortsetzungsbezogenem) Commitment vorgenommen worden.

Was von Stebbins (1970) als *wertbezogenes* Commitment bezeichnet wird, könnte auch als *austauschbezogenes* Commitment bezeichnet werden: Die Personen schreiben den ihnen angebotenen Alternativen einen (subjektiven) Wert zu, der einen Anreiz darstellt, die Organisation zu verlassen. Werden die Anreize durch die gegenwärtige Organisation als wertvoller eingeschätzt, dann bleibt die Person. Folgt man der Unterscheidung von Stebbins (1970), dann müßte man nicht danach fragen, was einem Organisationsmitglied das Verlassen der Organisation wert ist, sondern was es zu *verlieren* glaubt, wenn es die Organisation verläßt.

Wie überzeugend ist nun aber die Unterscheidung von Verlusten und Gewinnen? Insofern Seitenwetten potentielle Verluste darstellen, kann argumentiert werden, daß Commitment einen *Tauschwert* besitzt: Wenn das Commitment mit der Höhe der Pensionsansprüche zunimmt, wird dann nicht das Commitment gegen Ressourcen der Organisation "eingetauscht"? Und nimmt das Commitment nicht auch dann zu, wenn der Wert der Alternativen sinkt? Es sind solche Überlegungen, die in der Folgezeit dazu geführt haben, daß einige Autoren strukturelles und austauschbezogenes Commitment gleichgesetzt haben. In vorliegender Untersuchung wird davon ausgegangen, daß dies falsch ist. Das strukturelle bzw. fortsetzungsbezogene Commitment ist über das Vermeiden von Verlusten definiert, es ist eine Schutzmaßnahme. Commitment wird von Personen nicht strategisch eingesetzt, nicht zum Tausch angeboten, ist *keine* flexibel handhabbare Ressource. Fortsetzungsbezogenes Commitment kann *nicht* mit austauschbezogenem Commitment gleichgesetzt werden.[5]

Eine austauschbezogene Sichtweise geht davon aus, daß Commitment das Ergebnis einer für das Individuum vorteilhaften *Austauschbeziehung* zur Organisation ist. Demgegenüber erklärt der Ansatz von Becker (1960) durch die Einführung

---

[5] Fortsetzungsbezogenes bzw. strukturelles und austauschbezogenes Commitment sollten unterschieden werden, das sollte nun deutlich geworden sein. Doch Formulierungen wie die von Stevens, Beyer und Trice (1978), daß es Austauschüberlegungen gewesen seien, die Becker (1960) angeführt habe, trugen wohl mit dazu bei, diese Unterscheidung bis heute regelmäßig zu versäumen. Und auch Becker selbst unterschied nicht immer eindeutig zwischen Belohnungen und (drohenden) Bestrafungen (Becker, 1964).

der Elemente "Zeit" und "Investitionen" Commitment zu einem *strukturellen Phänomen*.

Einen wichtigen Schritt in der Entwicklung der Diskussion um die Seitenwettentheorie stellt die Untersuchung von Meyer und Allen (1984) dar. Diese Autoren unterscheiden *fortsetzungsbezogenes Commitment* und *affektives Commitment*. "Affektives Commitment" sei an dieser Stelle vorläufig definiert als eine positive Haltung zur Organisation, die sich in einer relativ starken Übereinstimmung hinsichtlich Normen und Werten ausdrückt. Die von Ritzer und Trice (1969) bzw. Hrebiniak und Alutto (1972)[6] verwendeten Skalen erfassen nach Meyer und Allen (1984) eher *affektives* Commitment. Meyer und Allen (1984) fanden, daß Alter und Dauer der Organisationszugehörigkeit *nicht* mit fortsetzungsbezogenem, durchaus aber mit affektivem Commitment korreliert sind.

Damit scheint die Seitenwettentheorie an sich in Frage gestellt zu werden. Daher soll die Untersuchung von Meyer und Allen (1984) nun genauer betrachtet werden. Ein erstes Problem bei Meyer und Allen ist ihr Verständnis von Commitment. Weiter oben wurde bereits erläutert, daß bei Becker (1960) Commitment struktureller Natur ist. Die Verwendung einer einstellungsbezogenen Skala sowie die Rede von "Disposition" legen hingegen die Vermutung nahe, daß Meyer und Allen (1984) dies für eine Variable halten, die konsistentes Verhalten *kausal* zu erklären beansprucht. Dieser Erklärungsstatus strukturellen Commitments wurde jedoch, wie weiter oben ausgeführt, von Becker (1960) nicht angenommen. Die von Meyer und Allen (1984) vorgestellte Skala zum fortsetzungsbezogenen Commitment stellt eine *Selbstbeschreibung strukturellen Commitments* dar. Sie wird wie folgt charakterisiert:

"Dieses ... Instrument ... erfaßt das Ausmaß, in dem sich Mitarbeiter an ihre Organisationen gebunden fühlen, und zwar aufgrund der Kosten, die entstehen, wenn sie gehen (z.B. Investitionen und/oder Mangel an attraktiven Alternativen)" (S.375).

Das Beispielitem "Es wäre für mich derzeit sehr schwierig, meine Organisation zu verlassen, selbst wenn ich es wollte" zeigt, daß es keine affektive, sondern eine strukturelle Bindung ist, die beschrieben wird, daß ein *Verlust* droht, wenn man die Organisation verläßt.

Wie ist nun vor dem Hintergrund dieser Überlegungen die Kritik an den von Ritzer und Trice (1969) bzw. Hrebiniak und Alutto (1972) verwendeten Methoden zur Erfassung von Commitment zu bewerten? Commitment nach dem Verständnis von Becker (1960) meint, daß eine Verhaltensoption deshalb weiter wahrgenommen

---

[6]Hrebiniak und Alutto (1972) fragten, ob die Person für *etwas mehr* Bezahlung, professionelle Freiheit, Status oder freundlichere Kollegen eine Organisation zugunsten einer anderen verlassen würde. Hrebiniak und Alutto fanden einen Zusammenhang zwischen dem dergestalt erfaßten Commitment und der Dauer der Organisationszugehörigkeit (vgl auch Alutto, Hrebiniak & Alonso, 1973; Shoemaker, Snizek & Bryant, 1977).

wird, weil mit ihr neben den offensichtlichen Gratifikationen noch zusätzliche "Investitionen" verknüpft sind. Die Stärke dieses strukturellen Commitments kann man nun daran *erkennen* oder *messen*, wie wertvoll eine Alternative sein muß, um sich für diese zu entscheiden. Daher ist es zunächst durchaus eine angemessene Operationalisierung, danach zu fragen, was Organisationsmitgliedern *zusätzlich* zu dem, was sie *offensichtlich* von ihrer Organisation erhalten, geboten werden muß, damit sie die Organisation verlassen.

Es bleibt nun allerdings die Frage offen, warum fortsetzungsbezogenes Commitment in der Operationalisierung von Meyer und Allen (1984) mit Alter und Dauer der Organisationszugehörigkeit unkorreliert ist. Die Autoren selbst bieten folgende Erklärung an: Die Investitionen mögen zwar über die Zeit zunehmen, allerdings verbessern sich aufgrund der erworbenen Erfahrungen u.a. auch die alternativen Beschäftigungsmöglichkeiten. Möglicherweise sind aber die Ergebnisse auch auf Merkmale der Skala zum fortsetzungsbezogenen Commitment zurückzuführen, denn nach McGee und Ford (1987) thematisieren die Items zum fortsetzungsbezogenen Commitment zwei gut unterscheidbare Faktoren, die *Alternativen* zum gegenwärtigen Arbeitsplatz und die *Kosten eines Arbeitsplatzwechsels* (vgl. auch Meyer, Allen & Gellatly, 1990). Mangel an (attraktiven) Alternativen mag zwar konsistentes Verhalten erklären, alleine hieraus aber Commitment zu erschließen, ist im Sinne des Seitenwettenansatzes aber ganz einfach unberechtigt.

Bis zu dieser Stelle wurden verschiedene Varianten von Commitment angeführt, die sich aus der Diskussion um den Seitenwettenansatz ergaben. Tabelle 1 faßt die Varianten sowie deren motivationale Grundlagen zusammen.

Tabelle 1: *Commitmentvarianten nach der Auseinandersetzung um die Seitenwettentheorie*

Arten von Commitment	Motivationale Grundlage
Strukturelles Commitment (Becker), fortsetzungsbezogenes Commitment (Stebbins)	Abwehren des Verlusts von Seitenwetten
Austauschbezogenes Commitment, wertbezogenes Commitment (Stebbins)	Kalkulierte Reziprozität
Affektives Commitment (Meyer & Allen, 1984)	Internalisation von Normen und Werten der Organisation
Strukturelles Commitment (Meyer & Allen, 1984)	Abwehren des Verlusts von Seitenwetten; fehlende Alternativen

Welches Fazit ergibt sich aus den Ausführungen zum Seitenwettenansatz? Der zu erklärende Sachverhalt ist das konsistente Verhalten von Personen in Organisationen. Sie verhalten sich konsistent, weil sie einen Aufwand erbracht haben, der über das hinausgeht, was sie für die Bezahlung hätten erbringen müssen. Insofern ist dieses fortsetzungsbezogene Commitment etwas anderes als austauschbezogenes Commitment. Fortsetzungsbezogenes Commitment resultiert daraus, drohende Verluste oder Opfer abzuwenden. Es ist aber auch von solchem Commitment zu unterscheiden, das auf affektiven Bindungen oder gar Identifikation basiert. Demzufolge ist auch die Metaanalyse von Cohen und Lowenberg (1990) zur Seitenwettentheorie zu bewerten, in der keine "sinnvollen" oder generalisierbaren Zusammenhänge zwischen Commitment und einer Reihe von Seitenwettenvariablen gefunden wurden. Denn eine Inspektion der herangezogenen Studien zeigt, daß Cohen und Lowenberg (1990) vor allem solche Untersuchungen berücksichtigt hatten, in denen affektives Commitment erhoben worden war.

Die vorstehenden Ausführungen haben deutlich gemacht, daß verschiedene Autoren unter Commitment recht unterschiedliche Dinge verstehen. Dies wird deutlich, wenn man sich die jeweiligen "motivationalen Grundlagen" vergegenwärtigt. Noch beachtlicher ist allerdings die Geschichte der Messung von Commitment. Zwar wurden die Techniken der Skalierung über die Jahre deutlich anspruchsvoller, man gewinnt aber nicht den Eindruck, daß die Skalen strukturelles Commitment nun besser zu erfassen vermögen. Fragen nach fehlenden Alternativen sind allenfalls insofern sinnvoll, als das Vorliegen von Alternativen *Grundbedingung* für Commitment ist: Schließlich muß der Akteur ja die Möglichkeit haben, Alternativen zurückzuweisen.

Der in diesem Abschnitt vorgenommenen Analyse liegt eine "soziologische" Sichtweise von Commitment zugrunde (Salancik, 1977). Zwar will auch die "psychologische" Sichtweise von Commitment erklären, warum Menschen konsistentes Verhalten zeigen. Es soll nun aber gezeigt werden, daß Commitment hier anders verstanden wird und insbesondere einen anderen Erklärungsstatus hat.

2. Konsistentes Verhalten als Erklärung von Commitment

In Kapitel 1 wurde der Seitenwettenansatz dadurch charakterisiert, daß konsistentes Verhalten *Bestandteil* von Commitment ist. Aber es lag immer wieder nahe, Commitment alternativ als psychischen Zustand mit dispositionalen Eigenschaften zu verstehen und von konsistentem *Verhalten* zu unterscheiden.

Die meisten einstellungspsychologischen Untersuchungsansätze beruhen auf dem Prinzip, Verhalten durch Einstellungen oder einstellungsähnliche Variablen zu erklären (z.B. Eagly & Chaiken, 1993). Verhalten ist die *abhängige Variable*. Eine andere Perspektive besteht darin, zu fragen, ob Verhalten auch auf Einstellungen wirken kann: Verhalten ist hier also die *unabhängige Variable*. Für diesen Ansatz, nämlich die Auswirkungen konsistenten Verhaltens auf das Commitment zu erklären, steht insbesondere der sozialpsychologische Ansatz von Kiesler (1971). "Commitment" steht in diesem sozialpsychologischen Ansatz dafür, daß man sich an eine Handlungsfolge ("course of action") gebunden fühlt. Der Effekt von Commitment besteht darin, daß eine Handlung bzw. eine Handlungsabfolge weniger veränderbar ist. "Handlung" wird dabei in einem weiten Sinne verstanden und umfaßt neben offenen Verhaltensweisen z.B. auch verbal geäußerte Einstellungen. Commitment nach Kiesler (1971) hat eine spezifische Wirkung, die nicht als "motivational" im üblichen Sinne des Wortes verstanden werden kann. Commitment übt keine "aktive" Wirkung auf bestehende Einstellungen aus, sondern beeinflußt die Reaktionen, die nach Beeinflussungsversuchen auf konsistentes Verhalten oder spezifische Einstellungen zu beobachten sind.

Wie läßt sich diese Sichtweise vom Seitenwettenansatz unterscheiden? Auch der Ansatz von Kiesler (1971) führt zur Annahme, daß mit zunehmender Dauer der Organisationszugehörigkeit das Commitment zunimmt. Jahrelang in einer Organisation zu arbeiten, ist eine konsistente Handlungssequenz. Nach der Auffassung von Kiesler (1971) führt nun aber Konsistenz *alleine* nicht zu Commitment. *Erst dann*, wenn die Organisationszugehörigkeit in Frage gestellt wird, z.B. durch ein alternatives Stellenangebot, müßte sich zeigen, daß das Commitment zunimmt und sich Auswirkungen auf die spezifischen Einstellungen (zur Organisation) ergeben.[1] Nach der strukturellen Sichtweise entsteht Konsistenz aufgrund von Seitenwetten und nimmt mit der Zeit zu, da alleine schon das *Verstreichen von Zeit* mit einer Investition einhergeht. Nach Kiesler (1971) muß während dieser Zeit etwas geschehen, es muß nämlich eine *Attacke* stattfinden. Nach dem strukturellen Ansatz wird es mit Zunahme der Attrak-

---

[1] Allerdings könnte man argumentieren, daß bereits die *Frage nach den Bedingungen*, unter denen eine Person bereit wäre, eine Organisation zu verlassen, eine Attacke darstellt, und die Antwort hierauf Ausdruck unterschiedlich starken Commitments ist.

tivität eines alternativen Angebots wahrscheinlicher, es auch anzunehmen. Die Höhe des immer noch ausgeschlagenen Angebots kann als Maß für den Wert der Seitenwette herangezogen werden. Das Angebot bleibt aber ansonsten ohne Konsequenzen. Nach Kiesler (1971) *hat* ein (abgelehntes) Angebot Konsequenzen, es *stärkt* nämlich das Commitment und damit die spezifischen Einstellungen zur Organisation.

Commitment ist an sich also *nicht* im engeren Sinne motivierend (Kiesler, 1971), sondern es führt zu Widerstand, wenn die Person attackiert wird. Im Prozeß der Auseinandersetzung mit dem Angriff intensiviert sich die Einstellung der betreffenden Personen, kommt es zu einem Bumerang-Effekt. Findet ein *Angriff* statt, dann kommt es zu *Rechtfertigungsmechanismen*: Man sagt sich selbst, daß man schon richtig gehandelt habe und sich nochmals so entscheiden würde, stünde man abermals vor der Wahl.

Commitment entsteht somit im Prozeß der Selbstrechtfertigung von in Frage gestellten Verhaltensweisen (Staw, 1980). Das Bedürfnis zur Selbstrechtfertigung, ein Bedürfnis, erlebte Kompetenz aufrecht zu erhalten, hat zum Ziel, das eigene Verhalten rational erscheinen zu lassen. Wenn sich aus Handlungen negative Ergebnisse bzw. Konsequenzen ergeben, kann der einzelne unterschiedlich reagieren:

- Die Ergebnisse der Handlungen werden neu bewertet. Beispielsweise wird man versuchen, den negativen Ergebnissen "etwas Positives abzugewinnen".

- Entlastende Erklärungen werden gesucht. Die Art und Weise, wie nach Erklärungen gesucht wird, hängt nun wiederum von drei Faktoren ab: der Wahlfreiheit, der Vorhersehbarkeit der Konsequenzen und den Rationalitätsnormen. Die Wirkung von Rationalitätsnormen bedarf hierbei einer kurzen Erläuterung: Nach Staw (1980) führt die hohe Bewertung von Rationalität in Organisationen dazu, daß Individuen mehr persönliche Verantwortlichkeit für negative Konsequenzen empfinden und von daher *stärker* zu Selbstrechtfertigung tendieren. Es ist also *nicht* gemeint, daß eine Norm existiert, mit negativen Konsequenzen rational umzugehen, sondern sich für die negativen Konsequenzen von Handlungen (ebenfalls) verantwortlich zu fühlen.

- Es werden Versuche stattfinden, Verluste dadurch zu entschädigen, daß man das Commitment eskalieren läßt. Man wird versuchen, durch zusätzliche Investitionen die bisherigen Verluste auszugleichen oder die bisherigen Investitionen zu "retten".

Es sollte beachtet werden, daß die von Kiesler (1971) untersuchten Phänomene nicht unbedingt *Verluste* bedeuten müssen. Insofern überschneidet sich die hier angesprochene Dynamik der Selbstrechtfertigung auch nur teilweise mit der von Kiesler angesprochenen Erklärung. Insbesondere auf das Phänomen des "eskalierenden Commitments" wird in Kapitel 3 zurückzukommen sein.

Im Unterschied zu den Annahmen der Seitenwettentheorie hat Commitment nach Kiesler (1971) den Charakter eines Konstrukts, es handelt sich um etwas, was konsistenten Verhaltensweisen oder Einstellungen *zugrundeliegt*. Commitment ist zugleich beeinflußte Einstellung und beeinflußt andere Einstellungen und Verhaltensweisen. Im folgenden wird die Bezeichnung *"sozialpsychologisches Commitment"* verwendet, wenn diese Art von Commitment gemeint ist. Der Begriff "Commitment" wird nämlich auch auf spezifische Einstellungen zur Organisation angewandt. In der vorliegenden Untersuchung wird die positive Einstellung zur Organisation (vgl. Kapitel 5) als *organisationales Commitment* bezeichnet, die Tendenz in der Organisation verbleiben zu wollen, als *verhaltensbezogenes Commitment*.

Wenn es zutrifft, daß wiederholt gezeigte Verhaltensweisen bindend wirken, dann müßte dies im Bereich des organisationalen Verhaltens dazu führen, daß man sich an die Mitgliedschaft in der Organisation gebunden fühlt. Attacken bestehen insbesondere in dem Angebot bzw. der Möglichkeit, die Organisation zu verlassen; es liegt aber nahe, auch negative Erfahrungen, welche die Einstellung zur Organisation beeinträchtigen können, als Attacken zu interpretieren. Lassen sich empirische Belege für die Annahme finden, daß "Attacken" nach Eintritt in eine Organisation zu (positiv) veränderten Einstellungen zur Organisation führen?

Der Phase *nach der Entscheidung* für eine Organisation galt bereits das Interesse von Vroom (1966)[2]. Er befragte Studierende vor und nach der Wahl einer (von drei) Organisationen über die Attraktivität dieser Organisationen. Vroom fand, daß im Vergleich zu den Ergebnissen vor der Organisationswahl die gewählte Organisation als *attraktiver* und die nichtgewählten Organisationen als *weniger attraktiv* beurteilt wurden (vgl. auch Vroom & Deci, 1971). Diese Ergebnisse sind damit konsistent, daß das Wissen um (ehemals) attraktive Alternativen als Attacke wirkt, das zu einer Intensivierung der (positiven) Einstellung führt und daß eventuelle erste negative Erfahrungen in der Organisation uminterpretiert werden.

Eine weitere klassische Untersuchung zu den Konsequenzen der Wahl einer Organisation stammt von Lawler, Kuleck, Rhode und Sørensen (1975). Zunächst ergab sich das nicht weiter überraschende Resultat, daß sich die Bewerber für die attraktiveren Organisationen entschieden. Bemerkenswert ist nun aber die Entwicklung der Attraktivitätswerte nach der Entscheidung, aber noch vor dem definitivem Arbeitsbeginn sowie nachdem die Bewerber ein Jahr im Unternehmen waren. Es zeigte sich nämlich, daß unmittelbar nach der Wahl bzw. Entscheidung die gewählte Option als attraktiver und die nicht gewählte als weniger attraktiv beurteilt wurde. Ein weiteres Ergebnis von Lawler et al. (1975) lautete, daß nach dem Eintritt in die Organisation

---

[2] Die im folgenden berichteten Ergebnisse wurden in der Regel aus der Perspektive der Theorie der kognitiven Dissonanz untersucht (vgl. hierzu Steers & Mowday, 1981).

die Attraktivät *aller* Organisationen abnimmt. Dies könnte durch die Summe aus Nachentscheidungsrechtfertigung (aufgrund der Ablehnung der Angebote *anderer* Organisationen) und *Erwartungsenttäuschungen* über die gewählte Organisation erklärbar sein. Die Untersuchung von Lawler et al. (1975) läßt nun allerdings die Frage offen, *wann* denn nun Verhalten beginnt, "konsistent" zu sein. So läßt sich zunächst anführen, daß unmittelbar zu *Beginn* des Eintritts in eine Organisation der Effekt von Alternativen gering sein dürfte, womöglich sogar negativ. Hierfür sprechen die Ergebnisse von Mowday und McDade (1979, zitiert nach Mowday, Porter & Steers, 1982). Diese Autoren fanden, daß am ersten Arbeitstag die Attraktivität alternativer Arbeitsmöglichkeiten in *negativer* Beziehung zum organisationalen Commitment stand. Wer also attraktive Alternativen zur Verfügung hatte, identifizierte sich weniger mit der jeweiligen Organisation. Wurden hingegen die gleichen Personen nach einem Monat befragt, dann wurde eine *positive* Beziehung zwischen der Attraktivität alternativer Arbeitsangebote und dem organisationalen Commitment festgestellt. Dies läßt sich so interpretieren, daß unmittelbar nach der Entscheidung die Alternativen noch sehr salient sind, durchaus hohe Attraktivität aufweisen und eben noch Konsistenz fehlt. Später hingegen erfordern das Vorhandensein mittlerweile ausgeschlagener attraktiver Alternativen sowie die Konsistenz des Verhaltens eine stärkere Rechtfertigung der eigenen Entscheidung.

Es ist zwar möglich, Commitment zu beeinflussen, es kann aber nicht direkt gemessen werden (Kiesler, 1971). Kiesler kann aber zeigen, wovon das *Ausmaß* von Commitment beeinflußt werden kann, Annahmen, die dann von Salancik (1977) für den Bereich des organisationalen Verhaltens aufgegriffen wurden. Das Ausmaß an Commitment kann danach durch folgende fünf Faktoren verstärkt werden:

- *Explizitheit* (Öffentlichkeit, Eindeutigkeit): Die Explizitheit einer Handlungsweise betrifft das Ausmaß, in dem überhaupt gesagt werden kann, daß eine Handlung stattgefunden hat. Es sind wiederum zwei Variablen, die hierzu beitragen: die *Öffentlichkeit* der Verhaltensweise und die *Eindeutigkeit* der Verhaltensweise. Die Öffentlichkeit einer Handlung steht dafür, daß subjektiv bedeutsame Personen der Handlung beiwohnen oder von ihr wissen. Commitment entsteht dann eher, wenn beispielsweise Freunde oder Familienmitglieder von einer Handlung wissen.

- *Bedeutung des Verhaltens für das Individuum*: Verhaltensweisen führen dann eher zu Commitment, wenn es sich um subjektiv bedeutsames Verhalten handelt.

- *Unwiderrufbarkeit*: Handlungen können in unterschiedlich großem Ausmaß widerrufbar oder reversibel sein. Es gibt bestimmte Handlungen, die prinzipiell rückgängig gemacht werden können und eher den Charakter des "Ausprobierens" haben. Wird nun z.B. eine Entscheidung so wahrgenommen, daß die Umkehrung bzw. Distanzierung von der Entscheidung kostenträchtig ist, dann ist das Commitment stärker. Beispiele hierfür sind persönliche Investitionen und Opfer, so daß ein Rückzug schwierig oder unmöglich wird.

- *Zahl der Handlungen*: Je häufiger eine Aktivität ausgeübt oder z.B. eine Einstellung geäußert wurde, desto stärker ist das Commitment.

- *Willentlichkeit* (Freiheit, Wahlmöglichkeit): Determinanten, die dazu beitragen, daß Willentlichkeit wahrgenommen wird, sind u.a. Wahlfreiheit, fehlende Existenz externer Forderungen oder Ansprüche, das Verhalten zu zeigen und fehlende Existenz extrinsischer Grundlagen für die Verhaltensweisen. Willentlichkeit meint die subjektive Wahrnehmung, daß eine Handlung Resultat einer freien Entscheidung war. Wahrgenommene Entscheidungsfreiheit führt zu mehr persönlicher Verantwortlichkeit und damit zu einer stärkeren Tendenz, die "Weisheit des eigenen Verhaltens" zu bestätigen.

Einige dieser Annahmen wurden von O'Reilly und Caldwell (1981) sowie Kline und Peters (1991) überprüft. Beispielsweise fanden Kline und Peters (1991), daß Willentlichkeit, Öffentlichkeit und Unwiderruflichkeit mit verhaltensbezogenem Commitment korreliert waren. Kline und Peters (1991) gruppierten zudem neue Mitarbeiter einer Organisation in solche mit hohem und solche mit geringem verhaltensbezogenem Commitment. Bereits nach zwei Monaten war ein Unterschied zwischen den beiden Gruppen zu erkennen, und in der Gruppe mit hohem Commitment war der Zeitpunkt, zu dem noch 50 % der Mitarbeiter im Unternehmen waren, 10,8 Monate, während der Wert für die andere Gruppe nur ein Drittel so groß war, nämlich 3,8 Monate.

Eine wichtige Annahme aus dem Ansatz zum sozialpsychologischen Commitment ist der Effekt der Willentlichkeit, operationalisiert über die *Zahl verfügbarer Alternativen*, auf das *nachfolgende* Commitment. Demnach nimmt mit der Zahl der Alternativen das Commitment zu. Andererseits läge es aber auch nahe, einen negativen Effekt der Zahl der Alternativen auf die spezifischen Einstellungen, z.B. das verhaltensbezogene Commitment, anzunehmen. Denn wenn man zusätzlich davon ausgehen kann, daß diese Alternativen auch *nach* der Entscheidung noch existieren, dann verringern sie das Ausmaß des zu befürchtenden Verlusts des Aufgebens einer Beziehung. In diesem Sinne lassen sich Ergebnisse von Stumpf und Hartman (1984) interpretieren. Stumpf und Hartman (1984) fanden eine signifikante Korrelation zwischen dem Suchverhalten vor Beginn der Tätigkeit und dem Suchverhalten ein Jahr später. Sie betrachten diesen Befund als Beleg dafür, daß es möglicherweise einige Individuen gebe, die generell dazu neigen, ihre Umgebungen zu explorieren ("investigative Typen" im Sinne von Holland, 1985). Das ursprüngliche Suchverhalten mag aber auch einen besseren Eindruck davon vermitteln, was an Angeboten am Markt verfügbar ist. Und schließlich können die vorherigen Kontakte zu tatsächlichen sehr attraktiven Angeboten führen, nachdem man bereits ein (erstes) Angebot angenommen hat.

Es sei an dieser Stelle deshalb nochmals genauer betrachtet, wie Kline und Peters (1991) Willentlichkeit operationalisiert haben. Die Autoren führen lediglich ein Beispielitem an ("Ich stand unter Druck, diesen Arbeitsplatz zu akzeptieren"), das, bezieht man es überhaupt auf die *Zahl von Alternativen*, am besten so interpretierbar sein dürfte, daß erfragt wurde, ob es *überhaupt* eine Wahl bzw. Alternative gab. Es dürfte aber ein Unterschied sein, ob jemand unter einer Art Zwang stand, oder ob das *Ausmaß* der Wahlfreiheit variierte.

Gelegentlich wurde die in diesem Kapitel behandelte Variante von Commitment sowohl als "sozialpsychologisch" als auch als "verhaltensbezogen" bezeichnet. Allerdings hat dies eher zu weiterer Verwirrung beigetragen. Zudem wurden unter der Überschrift "verhaltensbezogenes Commitment" tatsächlich zwei Ansätze, die mit den Namen von Becker (!) und Salancik (bzw. Kiesler) gekennzeichnet werden, behandelt. Dies hat u.a. Oliver (1990) betont. So lasse sich der Ansatz von Salancik (1977) so charakterisieren, daß im Vordergrund das Bedürfnis nach Konsistenz stehe; Commitment entwickle sich in einem Prozeß der Selbstrechtfertigung vollzogener Handlungen. Warum aber fassen dann Autoren wie Farrell und Rusbult (1981) oder Mowday et al. (1982) diese beiden Commitmentvarianten zusammen? Es sind die *Kosten des Rückzugsverhaltens*, die in beiden Ansätzen eine zentrale Rolle spielen (Oliver, 1990). Der Verlust von *Seitenwetten* sind die Kosten, die entstehen würden, wenn eine Handlungsrichtung verändert werden würde; psychologische Kosten entstehen, wenn Kognitionen nicht konsistent zu Verhaltensweisen sind. Auf diese psychologischen Kosten wird im nächsten Kapitel ausführlicher eingegangen.

3. Commitment als Ergebnis eines Wartekonflikts

Commitment geht mit Verharren, Verzicht und Ausschlagen einer Verhaltensoption, einher: Wird eine Person mit einer Alternative konfrontiert, dann entscheidet sie sich gegen diese Alternative. Wer ein Stellenangebot von einem anderen Unternehmen erhält, die Gelegenheit zu einem Seitensprung angeboten bekommt oder die Möglichkeit erhält, die Konkurrenzmarke verbilligt zu erwerben, dessen Organisations-, Beziehungs- oder Markentreue ist in Gefahr, ist einem "Angriff" ausgesetzt. Aufgrund von Sanktionen, drohendem Ressourcenverlust, Werthaltungen, Gewohnheit, Rechtfertigung bisherigen Verhaltens usw. wird diese Alternative ausgeschlagen.

Nun gibt es aber Situationen, in denen die Konfrontation mit einer Alternative nicht als "Angriff", sondern als *Entscheidung* zwischen inhaltlich vergleichbaren Optionen zu verstehen ist. Gemeint ist hiermit die Situation, wenn ein Berufsanfänger mehrere Stellenangebote, eine junge Dame mehrere Anträge oder ein Konsument mehrere Marken gesichtet hat und sich nun entscheiden muß. Um den Entscheidungsdruck zu verdeutlichen sei angenommen, daß für den Fall, daß sich die Person nicht entschließt, *alle* Optionen verlorengehen, und daß sie es anstrebt, genau *eine* Option wahrzunehmen. Nun entscheiden sich die meisten Menschen nicht für den erstbesten Arbeitgeber, den erstbesten Partner oder das erstbeste Produkt. Unter der Annahme, daß noch bessere Alternativen "auf dem Markt" vorhanden sind, wird man zunächst zögern: Es entsteht ein *Wartekonflikt* (Rubin & Brockner, 1975; Brockner & Rubin, 1985).

Was ist mit "Wartekonflikt" nun genauer gemeint? Man hat bereits etwas investiert, hat aber dafür noch nichts oder noch nicht genug erhalten. Wartet man nun und investiert weiter, dann könnte man zwar einerseits eventuell mehr bekommen, andererseits aber auch die gesamte Investition verlieren. Zumindest aber ist Aufwand zu erbringen, um die bisherige Option weiterhin aufrechtzuerhalten. Nun bedeutet die Aufrechterhaltung des Warteprozesses und damit der (wiederholten) Investitionen ein konsistentes Verhalten, aus dem Commitment resultieren müßte, und zwar *trotz* fehlender Gegenleistungen. Für dieses Phänomen gibt es vielfältige Belege: Personen, die sich für etwas entschieden haben, bleiben dabei, obwohl es sich sogar um einen Handlungsstrang handeln kann, der einen Mißerfolg absehbar macht, und zwar nur deshalb, um eine zuvor eingegangene Bindung (Commitment) zu rechtfertigen. Brockner und Rubin (1985) nennen folgende Beispiele:

- Man steht an einer Bushaltestelle, und hat bereits einige Zeit auf den Bus gewartet, um an einen Ort zu gelangen, den man auch zu Fuß hätte erreichen können. Indem der Bus Verspätung hat, erlebt man einen Konflikt. Einerseits sollte man nun natürlich sofort zu Fuß losgehen. Andererseits gibt es aber auch Gründe, nun doch auf den Bus zu warten. Denn zum einen müßte er ja gleich kommen. Zum anderen aber hätte man, wenn man nun losgehen würde, umsonst auf den Bus gewartet. Man wartet also weiter.

- In letzter Zeit sind sehr häufig Reparaturen für ein altes Auto angefallen. Anstatt nun aber endlich ein neues Auto zu kaufen, entscheidet man sich, abermals einen beträchtlichen Geldbetrag zu investieren, um das alte Auto zu reparieren. Man hat einfach "zuviel investiert, um jetzt aufzugeben".

- Man ist mit dem gegenwärtigen Arbeitsplatz unzufrieden und denkt darüber nach, ihn zu wechseln. Dann aber überlegt man sich, wieviel man bereits investiert hat, um es so weit zu bringen (z.B. zeitlicher und materieller Aufwand für die Ausbildung). So entscheidet man sich dann doch dafür, den gegenwärtigen Arbeitsplatz nicht zu wechseln und darauf zu hoffen, daß die Dinge besser werden, so daß der ganze bisherige Aufwand nicht umsonst war.

- Nachdem man bereits zwei Jahre mit einem Studium verbracht hat, stellt man fest, daß das Interesse für das Fach verloren gegangen ist. Aber nachdem man schon so viel Zeit und Geld investiert hat, entscheidet man sich, das Studium doch fortzusetzen.

- Eine "ernsthafte" Beziehung dauert schon drei Jahre. Die Beziehung ist inzwischen aber schon merklich abgekühlt. Eigentlich würde man die Beziehung gerne beenden; aber dies würde bedeuten, daß die ganze Investition, die ganzen drei Jahre, ein Verlust gewesen wären.

- Die Arbeitnehmer eines Unternehmens haben bereits mehrere Tage gestreikt. Sowohl die Arbeitnehmerschaft als auch das Management haben finanzielle Einbußen erlitten und beide Seiten würden eigentlich gerne den Konflikt beenden. Aber je länger der Konflikt dauert, desto weniger kompromißbereit werden sie. Nachdem man soviel investiert, soviel gelitten hat, ist es immer schwieriger, doch noch Konzessionen zu machen.

- Ein Unternehmen hat einen neuen Mitarbeiter eingestellt und ihn mit viel Aufwand ausgebildet. Später stellte sich heraus, daß die Leistung des Mitarbeiters unterdurchschnittlich ist. Dennoch entscheidet sich das Unternehmen, den Mitarbeiter weiter zu beschäftigen, um endlich das zu "ernten", was in die Ausbildung des neuen Mitarbeiters investiert worden ist.

– Eine Regierung ist bereits drei Jahre in einen Krieg involviert, der Menschenleben, Geld und "nationale Ehre" gekostet hat. Das Militär setzt sich durch, das fordert, daß der Krieg fortgesetzt und weitere Investitionen getätigt werden müssen, so daß die vorangegangenen Verluste nicht umsonst waren.

Was ist das Gemeinsame all dieser Beispiele? Es handelt sich um *psychologische Fallen*. Das Individuum hat in der Erwartung zu investieren begonnen, ein bestimmtes Ziel zu erreichen. Im Prozeß der Zielerreichung wird es jedoch notwendig, wiederholte Investitionen zu tätigen. In dem Ausmaß, in dem Individuen ihre Investitionen nur deshalb fortsetzen, um ihre vorherigen Investitionen zu rechtfertigen, werden sie als "gefangen" bezeichnet, das Commitment gegenüber einer einmal eingeschlagenen Handlungsrichtung *eskaliert* (Brockner & Rubin, 1985, S.3). Die angeführten Beispiele machen deutlich, daß es von Fall zu Fall unterschiedliche Ressourcen sein können, die investiert werden. Und die geschilderten Fallen bzw. Wartekonflikte können von unterschiedlich großem Umfang sein. Im folgenden soll zunächst das Beispiel des Wartens auf einen Bus betrachtet werden. Was sind nun die kennzeichnenden Merkmale eines solchen Wartekonflikts? Brockner und Rubin (1985; vgl. auch Rubin & Brockner, 1975) unterscheiden situative und Reaktionsmerkmale. Die vier situativen Merkmale lauten wie folgt:

– Die getätigten Investitionen können je nach Perspektive auch als unwiederbringliche Kosten gesehen werden. Die aufgewandte Zeit bzw. das Warten kann als Investition aber auch als Ausgabe empfunden werden. Das Warten dient einerseits dazu, dem Ziel – den Bus zu nehmen – näher zu kommen. Andererseits kann es dazu führen, daß man zu spät zu einer Verabredung kommt.

– Das Individuum muß die Wahl haben, in den Wartekonflikt zu kommen bzw. in ihm zu verbleiben. Besteht keine Wahl, dann kann auch kein Konflikt entstehen.

– Es ist nie vollkommen gewiß, daß das Ziel tatsächlich erreicht werden wird, nämlich mit dem Bus schneller bzw. pünktlich zur Verabredung zu kommen.

– Um das Ziel zu erreichen, muß das Individuum *wiederholte* Investitionen tätigen. In allen Wartekonflikt-Situationen investieren Individuen Ressourcen und erhalten nachfolgend darüber eine Rückmeldung, daß diese anfängliche Investition nicht ausreichen wird, um das Ziel zu erreichen.

Die vorstehenden Situationsmerkmale werden durch weitere drei Reaktionsmerkmale ergänzt:

- Mit der Zunahme der Investitionen empfindet das Individuum auch einen zunehmenden Konflikt darüber, ob es weiterhin investieren soll. Mit der Zeit nehmen die Kosten zu, die mit dem Warten verbunden sind, indem die Gefahr, die Verabredung zu versäumen, zunimmt. Aber auch das Ziel, die Ankunft des Busses, nähert sich immer mehr. Je größer aber der Konflikt, desto stärker der Entscheidungsdruck - das Warten aufzugeben oder sich auf die Ankunft des Busses zu verlassen.

- Im Verlauf des Wartekonflikts ändert sich die Art, wie das Individuum den Wartekonflikt interpretiert. Zu Beginn gibt es vergleichsweise klare ökonomische oder materielle Gründe zu investieren. Mit zunehmender Dauer des Wartekonflikts wird das Individuum aber weniger durch "rationale" Gründe motiviert, sondern eher durch "emotionale" Einbindung. So geht es in späten Phasen des Wartekonflikts möglicherweise einfach nur noch darum, das Ziel - koste es, was es wolle - zu erreichen. Oder es geht darum, die bereits getätigten Investitionen zu rechtfertigen. Oder man will anderen zeigen, daß man nicht zu den Personen gehört, die leicht aufgeben. Statt rational zu sein, wird häufig nur noch rationalisiert.

- Wartekonflikte tendieren dazu, sich selbst zu verstärken, immer noch mehr Commitment zu erzeugen. Die Wahrscheinlichkeit, sich zurückzuziehen, also zu Fuß zu gehen, ist zu Beginn am größten. Commitment tritt danach mit größerer Wahrscheinlichkeit auf als das Aufgeben des Wartens. Den steigenden Wartekosten mit dem Verstreichen der Zeit stehen drei Tendenzen entgegen: erstens die Belohnung, die mit dem Ziel verknüpft ist (Busfahren ist bequemer), zweitens die Annäherung an das Ziel (die Ankunft des verspäteten Busses rückt näher) und drittens die Kosten, die damit verbunden sind, eine Investition aufzugeben (umsonst an der Haltestelle gewartet zu haben und nun in Eile zu Fuß gehen zu müssen).

Im folgenden sollen nun die Ergebnisse einer Reihe von Experimenten berichtet werden, in denen es um Bedingungen der Stärke des eskalierenden Commitments geht (Brockner & Rubin, 1985, S.33ff.). Das Commitment eskaliert (um so) stärker,

- je wahrscheinlicher die Erreichung des Ziels und je höher der wahrgenommene Wert des Ziels ist;

- wenn das vormalige Erreichen des Ziels nicht auf instabile Faktoren zurückgeführt werden kann;

– wenn es sich um "passive" im Gegensatz zu "aktiven" Situationen handelt. Es ist für das Individuum einfacher, *nichts* zu tun und passiv zu bleiben als bestimmte Handlungen zu ergreifen. Das bloße Warten auf einen Bus ist ein Beispiel für ein passiv eskalierendes Commitment, insofern die verstrichene Zeit kontinuierlich und automatisch zunimmt, wenn keine aktive Entscheidung gefällt wird, das Warten zu beenden;

– je stärker das Ausmaß ist, die jeweils anstehenden Entscheidungen positiv (vs. negativ) zu formulieren. Hierzu muß zwar bemerkt werden, daß Wartekonflikt-Situationen grundsätzlich negativ formuliert sind, da es ja immer darum geht, Verluste zu bewerten. Insofern ist nach Kahneman und Tversky (1979) auf jeden Fall zu erwarten, daß sich die Individuen relativ riskant verhalten (Brockner & Rubin, 1985, S.52f.). Dennoch läßt sich zeigen, daß für den Fall, daß der Verlust ein "relativer" Gewinn ist, nämlich im Vergleich zu noch kritischeren Alternativen, das Commitment weniger stark eskaliert (vgl. auch Whyte, 1986);

– wenn es sich um einen sozialen Konflikt handelt, der im Wettbewerb mit anderen Personen ausgetragen wird. Dabei zeigt sich allerdings nach Brockner und Rubin (1985), daß diese zusätzliche Wettbewerbskomponente nur für männliche Versuchspersonen relevant war;

– wenn eine andere Person anwesend ist, die sich als "soziales Modell" in einem Wartekonflikt befindet, vorausgesetzt, die Modellperson bedauert es nicht, in dieser Situation zu sein;

– je salienter das Ausmaß der Kosten ist.

Inwiefern haben nun die Untersuchungen von Brockner und Rubin (1985) Bedeutung für die Analyse des Verhaltens von Menschen in Organisationen? Naheliegend ist es zunächst, auf *Entscheidungen über Investitionen* in Organisationen Bezug zu nehmen (Brockner et al., 1986). Investitionen werden nämlich in mehreren Schritten getätigt, zwischen denen Feedback erfolgen kann, das darüber informiert, daß die geplanten (Gesamt-)Investitionen nicht ausreichen werden. In solchen Situationen lassen sich immer wieder Beispiele für eskalierendes Commitment beobachten (vgl. auch Kasten 1). Die Entscheider sind bereit, weitere Investitionen zu tätigen, selbst wenn dies ökonomisch nicht mehr rational ist: Es handelt sich um Entscheidungen mit vermeintlich "gesunkenen Kosten" (Northcraft & Wolf, 1984).[1]

---

[1] Ob es sich dabei tatsächlich immer um *irrationales* Verhalten handelt, ist allerdings umstritten (Northcraft & Wolf, 1984; Bowen, 1987).

Kasten 1: Gutes Geld schlechtem Geld hinterherwerfen: Eskalierendes Commitment in der Politik

In einer anschaulichen und detailreichen Analyse zeigen Ross und Staw (1986), wie die Weltausstellung „Expo 86" ein spektakulärer Fall von eskalierendem Commitment wurde. Diese Ausstellung sollte in Vancouver, British Columbia, stattfinden, um den 100jährigen Geburtstag der Stadt zu feiern. Während 1978 noch angenommen wurde, daß es sich um ein 78 Millionen-Dollar-Projekt handelt, das schlimmstenfalls mit einem Defizit von 6 Millionen Dollar enden würde, wurde es 1985 ein 1,5 Milliarden Projekt mit einem projektierten Defizit für die Provinz von 311 Millionen Dollar. Warum aber wurde dieses Projekt nicht früher aufgegeben? Neben einem unrealistischen Optimismus der Beteiligten spielten Politiker eine Rolle, die „persönliche Verantwortung" für das Gelingen des Projekts übernahmen und deren politisches Schicksal zunehmend vom „Erfolg" des Projekts abhing. Zudem wären zurückliegende wiederholte öffentliche Stellungnahmen unglaubwürdig geworden. In späteren Phasen waren schließlich auch sehr viele Vertragspartner beteiligt, es hätte eine Lawine von Prozessen gegeben und das allgemeine Ansehen der Region hätte gelitten.

Der hauptsächliche psychologische Mechanismus, der dem eskalierenden Commitment zugrundeliegt, dürfte allerdings erneut die Selbstrechtfertigungstendenz sein (vgl. aber Whyte, 1986), wie sie bereits in Kapitel 2 beschrieben worden ist. Damit ist eskalierendes Commitment dann zu erwarten, wenn

– der Entscheider sichtbar für negative Konsequenzen verantwortlich ist,

– die eigene Kompetenz aufgrund unmittelbar vorangehender Mißerfolge bereits in Frage gestellt worden ist,

– die betreffende Entscheidung öffentlich vertreten wurde,

– die zurückliegenden Investitionen bereits hoch waren,

– der Einfluß von Zufall relativ gering zu sein scheint,

– weitergehende Interessen (z.B. die eigene Laufbahn, die eigene Kompetenz auf wichtigen Gebieten) auf dem Spiel stehen usf. (vgl. Staw & Ross, 1978; Brockner et al., 1986; im Überblick Ross & Staw, 1986).

Im folgenden soll nun gezeigt werden, daß auch die Entscheidung über die Teilnahme an einer Organisation als "Wartekonflikt" verstanden werden kann, und daß sich hieraus Prognosen über die Entstehung von Commitment und Fluktuationsneigung ableiten lassen. Ausgangspunkt ist die Annahme, daß die Teilnahme an einer Organisation instrumentellen Charakter hat, sofern sie dem Erreichen bestimmter Ziele dient, so z.B. eine Ausbildung zu absolvieren, ein Karriereziel zu erreichen oder regelmäßige Einkünfte haben zu wollen. Um einen "Wartekonflikt" handelt es sich insofern, als es auch alternative Wege gibt, zum jeweiligen Ziel zu kommen, und das Verbleiben in der Organisation einem *alternativen* Erreichen des Ziels im Wege steht. Aus den weiteren angeführten Überlegungen ergeben sich unmittelbar Schlußfolgerungen hinsichtlich der Begleiterscheinungen des Verbleibens in der Organisation.

Das Abwägen verschiedener Angebote bzw. das Abwarten eines besseren Angebots einer bestimmten Organisation kann sowohl als Investition als auch als Kostenfaktor betrachtet werden. Mit der Annahme eines Angebots zu zögern, kann sowohl zu besseren Angeboten als auch zum Verlust dieses Angebots führen. Darüber hinaus kann aber auch das *Verbleiben* in der Organisation als Investition oder als Kostenfaktor betrachtet werden, es ist eine Entscheidung zwischen der Fortsetzung des Verhaltens (Commitment) und dem Beenden des Verhaltens (Kündigung).

Zudem nimmt mit der Zeit der Entscheidungsdruck zu, *entweder* die Organisation zu verlassen *oder* Commitment zu entwickeln. In den meisten Unternehmen ist Commitment wahrscheinlicher als Fluktuation; zudem ist auch die Annahme nicht unplausibel, daß Fluktuation zu Beginn des Eintritts in die Organisation am stärksten ist und dann abnimmt. Hieraus scheint sich zunächst ein gewisser Widerspruch zu ergeben. Einerseits müßte die Fluktuationsneigung über die Zeit hinweg zunehmen, und zwar als Folge des zunehmenden Entscheidungsdrucks, andererseits kann aber angenommen werden, daß die Fluktuationsneigung über die Zeit hinweg abnimmt. Doch bei näherer Betrachtung lassen sich die beiden Annahmen wie folgt differenzieren: Es nimmt die Wahrscheinlichkeit zu, daß das eine *oder* das andere stattfindet. *Sowohl* Commitment als auch Fluktuationsneigung werden also zu Beginn der Teilnahme an einer Organisation zunächst gering sein und dann zunehmen. Aber das Commitment wird dann weiter zunehmen, während die Fluktuationsneigung wieder zurückgehen wird.

Widerspricht dies nicht der Annahme, daß Fluktuationsneigung negativ mit der Dauer der Organisationszugehörigkeit korreliert ist? Es ist nämlich ein oft gefundener

Effekt, daß die Wahrscheinlichkeit des Verlassens einer Organisation mit anhaltender Dauer der Organisationszugehörigkeit abnimmt (Cohen & Lowenberg, 1990).[2]

Es trifft nun aber nicht zu, daß es eine monotone Beziehung zwischen Dauer der Organisationszugehörigkeit und Fluktuation gibt. Fichman und Levinthal (1991) können zeigen, daß es in sozialen und organisationalen Beziehungen einen *"Flitterwocheneffekt"* gibt: Beziehungen werden als Transaktionskonstellationen aufgefaßt, die mit einer Phase beginnen, welche gegen negative Resultate relativ immun ist. Diese Anfangsphase dauert um so länger, je stärker das anfängliche Commitment der Beteiligten ist. Aus den Überlegungen von Fichman und Levinthal (1991) ergeben sich folgende Annahmen, die diese Autoren auch durch bereits vorliegende Forschungsergebnisse stützen können[3]:

(1) Mit der Dauer der Organisationszugehörigkeit nimmt die Fluktuationshäufigkeit zuerst zu und dann wieder ab.

(2) Das Maximum der Fluktuationshäufigkeit liegt bei Personen mit hohem Commitment an einem späteren Zeitpunkt als bei Personen mit geringem Commitment.

(3) Hohes Commitment führt aber nicht nur zu einer Verschiebung der Fluktuationshäufigkeit auf der Zeitachse, sondern es verbleiben auch nach längerer Zeit mehr Personen in der Organisation als dies bei geringem Commitment der Fall ist.

Wenn es zutrifft, daß es sich bei Commitment und Fluktuation um *alternative* Reaktionsmöglichkeiten handelt, ergeben sich hieraus interessante Ableitungen. Ohne Alternative entsteht kein Konflikt und damit auch keine Notwendigkeit, alternativ zur

---

[2] Die Abnahme der Fluktuation(sneigung) kann zahlreiche Ursachen haben (Moser, 1992):
- Gänzlich unbefriedigende Beziehungen werden rasch beendet, so daß von einem Minimalniveau ausgegangen werden kann, bzw. das Anspruchsniveau pendelt sich auf das ein, was in der betreffenden Organisation erreicht werden kann.
- Die beteiligten Personen haben sehr viel investiert und diese Investitionen würden nahezu vollständig verloren gehen.
- Mit zunehmender Dauer der Organisationszugehörigkeit steigt auch das Einkommen.
- Familiäre Verpflichtungen erschweren die Mobilität.
- Es existieren Übereinkünfte mit dem Betriebsrat, den Gewerkschaften oder rechtliche Reglementierungen (Kündigungsschutz).
- Es entwickelt sich "Organisationstreue".

[3] Dieser Flitterwocheneffekt ist mit dem Ergebnis von Vroom und Deci (1971) vereinbar, daß die Zufriedenheit mit der Organisationswahl mit dem Eintritt in die Organisation zunächst zu- und dann wieder abnahm.

Fluktuation Commitment zu entwickeln. Mehr Alternativen zu haben, lindert den Entscheidungsdruck, entweder Commitment zu entwickeln *oder* die Organisation zu verlassen, die Entscheidung kann also *später* stattfinden. Aufgrund der reinen Zahl von Alternativen wird aber die Wahrscheinlichkeit von Fluktuation in der Entscheidungsphase *größer* sein.

Der Wartekonflikt ist als Metapher für weitere Prognosen von Fluktuation vs. der Entstehung von Commitment nützlich. So wird man mit geringerer Wahrscheinlichkeit auf den verspäteten Bus warten,

(1) wenn er schon oft *deutlich* verspätet war und man deshalb schon einmal Verabredungen verpaßt hat;

(2) wenn man der Auffassung ist, daß Busse generell unzuverlässig sind und Verspätung haben;

(3) wenn ein anderer Bus die gleiche Strecke abfährt;

(4) wenn man sich ein Taxi leisten kann.

Umgekehrt wird man eher bereit sein, (noch) länger auf den verspäteten Bus zu warten,

(5) wenn sich der Bus ansonsten als sehr zuverlässig erwiesen hat;

(6) wenn man sich kein Taxi leisten kann;

(7) wenn es der einzige Bus ist;

(8) wenn das Wetter schlecht ist.

Auch für diese Bedingungen lassen sich Entsprechungen im Bereich der Teilnahme an einer Organisation finden. So wurden die Verläßlichkeit der Organisation bzw. Zufriedenheit mit einer Organisation (1, 2, 5) und die Verfügbarkeit von Alternativen (3, 4, 6, 7) angesprochen. Commitment wird stärker empfunden, wenn erstere Faktoren positiv ausgeprägt sind und wenn die Verfügbarkeit von Alternativen gering ist. Mit der Annahme (8) wird schließlich auf Kontextbedingungen verwiesen, wie dies im Falle der Organisationswahl insbesondere die allgemeinen Arbeitsmarktbedingungen (Zahl der offenen Stellen) sind. Der Faktor der Verfügbarkeit von Alternativen kann, wie bereits weiter oben erwähnt, evtl. zu Mißverständnissen führen. Prinzipielle Voraussetzung ist nämlich, daß mindestens *eine* Alternative vorhanden ist. Ansonsten entsteht kein Konflikt, der zwischen Rückzug und Commitment eine Entscheidung erfordert. Annahmen (1) und (2) haben dann nur noch geringe Bedeutung. Allenfalls der *investive* Charakter bleibt erhalten und man nähert sich dem *Ziel*, weshalb das Commitment eigentlich zunehmen sollte. Die *Kosten* sind aber weniger salient und es gibt keinen Entscheidungsdruck. Insofern müßte sich zeigen lassen, daß eine Zunahme von Commitment (entsprechend Annahme [2]) unter dieser Bedingung nicht stattfindet. Auf den Fall der Teilnahme an Organisationen übertragen bedeutet dies, daß mindestens *eine* definitive Alternative eine Voraussetzung ist, um die Konfliktmetapher anwenden zu können. Schließlich sei darauf hingewiesen, daß selbst für den Fall, daß *keine* Alternative zur Erreichung des Ziels besteht, das Aufgeben des Ziels Option werden kann. Dies dürfte plausiblerweise von der subjektiven Bedeutung bzw. Wertschätzung des Ziels abhängen.

Zum Abschluß der vorstehenden Überlegungen, Commitment als Resultat eines Wartekonflikts zu erklären, sei die Frage gestellt, um *welche Art von Commitment* es sich hierbei handelt bzw. wie sich die Überlegungen in die bisher angeführten Varianten von Commitment einordnen lassen. Sofern der *Verbleib* in der Organisation im Vordergrund steht, scheint es sich um *verhaltensbezogenes Commitment* zu handeln. Zwar ist die Rede davon, daß sich Commitment *entwickelt*, jedoch lassen sich die jeweiligen Aussagen immer umformulieren in "... nimmt die Wahrscheinlichkeit des Verbleibs in der Organisation zu".

Inwiefern unterscheidet sich die Wartekonfliktperspektive von den bisher dargestellten Ansätzen zum Commitment? Commitment steht für das kontinuierliche Aufbringen von Ressourcen, für Investitionen, die konsistent mit vorangehenden Investitionen sind. Damit wird konsistentes Verhalten erklärt: Commitment steht für die Fortsetzung des Verhaltens unter zunehmend widrigeren Umständen, es *eskaliert*. Es finden sich sowohl Anlehnungen an die zentrale Annahme von Becker (1960; zurückliegende Investitionen als Seitenwetten) als auch von Kiesler (1971; die Resistenz gegen das Verlassen der Situation nimmt zu). Die *Definition* von Commitment scheint dem Seitenwettenansatz entnommen zu sein, die *Erklärung* für Commitment aber dem sozialpsychologischen Ansatz. Vor allem aber wurde deutlich, daß Commitment nicht erst *nach* Entscheidungen entsteht bzw. von Bedeutung ist, sondern daß es bereits *während* Entscheidungen eine Rolle spielen kann.

Aber kann es nun sein, daß grundsätzlich bereits *im Prozeß* des Entscheidens Commitment entsteht? Jegliche Interaktion, und damit auch diejenige zwischen Arbeitgeber und Arbeitnehmer, erfordert zunächst einmal ein Mindestmaß an Commitment: Interaktionen erstrecken sich in aller Regel *über die Zeit*, da es z.B. *dauert*, bis Arbeitnehmer Leistungen erstellt haben oder Arbeitgeber Löhne bzw. Gehälter bezahlen. Der Beginn von Interaktionen muß zunächst einmal mit Vertrauen einhergehen, mit der Bereitschaft, Verhalten fortzusetzen, ohne unmittelbar eine Gegenleistung zu erhalten oder sicher zu sein, diese zu erhalten.

Vertrauen zwischen Interaktionspartnern beruht auf einer konsistenten Selbstdarstellung der Beteiligten sowie einem wechselseitigen "... Vertrauen in die Reflektiertheit der Selbstdarstellung ..." (Luhmann, 1989, S.67). Doch eben diese Selbstdarstellungen verpflichten auch, haben bindenden Charakter. Insofern könnte hier eine Erklärung dafür gefunden werden, daß sich Commitment im Verlauf von Interaktionen, die zumindest minimale Komplexität aufweisen, weiterentwickelt: Commitment entsteht aus dem *zunächst nur* vorläufigen Vertrauen zwischen Interaktionspartnern, eine instrumentelle Beziehung mit einem „Transaktionspartner" entwickelt sich zu einer "expressiven" Beziehung (Lawler & Yoon, 1993). Dies liegt daran, daß

– Unsicherheiten über den Transaktionspartner reduziert werden,

– mit zunehmender Dauer mehr Arten von Gütern ausgetauscht werden,

– die Zufriedenheit mit dem Transaktionspartner zunimmt und/oder

– die Beziehung zwischen den Transaktionspartnern an Wert gewinnt.

Diese Überlegungen besagen demnach, daß sich Commitment über die Zeit nicht nur *quantitativ*, sondern auch *qualitativ* verändert. So nehmen Stevens et al. (1978) an, daß in frühen Karrierephasen Commitment eher von psychologischen oder persönlichen Faktoren beeinflußt wird, während in späteren Phasen der Seitenwettenaspekt an Bedeutung gewinnt (vgl. auch Snizek & Little, 1984). Reichers (1986) unterscheidet schließlich drei Perspektiven, aus denen heraus organisationales Commitment untersucht werden kann: eine psychologische, eine verhaltensorientierte und eine strukturelle. Im wesentlichen sind es dabei die Antezedenzien, die sich unterscheiden. *Psychologische* Antezedenzien sind Erwartungen, Herausforderung oder Konflikt, *verhaltensbezogene* sind willentliche, unwiderrufliche Handlungen und *strukturelle* Antezedenzien sind Dauer der Organisationszugehörigkeit sowie akkumulierte Investitionen. Reichers (1986) postuliert, daß sich Commitment über die Zeit entwickelt und daß zu unterschiedlichen Karrierezeitpunkten unterschiedliche Antezedenzien Einfluß haben. Zu Beginn der Karriere sind psychologische Faktoren wirksam, später kommen verhaltensbezogene und dann schließlich strukturelle Bedingungen hinzu.

Das zentrale Thema dieses Abschnitts war die "Dynamik" der Entstehung und Entwicklung von Commitment. Commitment als empfundene Bindung an einen Handlungsstrang kann trotz absehbaren Mißerfolgs eskalieren, und zwar vor allem als Ergebnis der Rechtfertigung bereits investierter Ressourcen. Dieses verhaltensbezogene Commitment drückt sich in der Fortsetzung der betreffenden Verhaltensweisen aus. Abschließend wurde die These aufgestellt, daß verhaltensbezogenes Commitment ein notwendiger Bestandteil von Interaktionen von zumindest minimaler Komplexität ist, daß sich aber der Charakter von Commitment mit der Dauer von Interaktionen verändern kann. Im nächsten Kapitel wird auf ein Modell eingegangen, das die Entstehung von verhaltensbezogenem Commitment genauer zu erklären versucht, bevor dann in Kapitel 5 auf die angesprochene alternative Qualität von Commitment eingegangen wird.

4. Das Investitionsmodell

Während in Kapitel 2 ein positiver Zusammenhang zwischen Alternativen und verhaltensbezogenem Commitment unterstellt wurde, spricht nach den Ausführungen des vorangehenden Kapitels doch einiges dafür, einen negativen Zusammenhang anzunehmen: Ist es nicht nahezu trivial, davon auszugehen, daß dann, wenn man mehr Möglichkeiten hat, diese dann auch mit größerer Wahrscheinlichkeit wahrgenommen werden. Und ist es nicht mehr als plausibel, daß die Zufriedenheit mit der spezifischen gewählten Alternative abnimmt, wenn man viele andere Alternativen kennt?

Zunächst kann erwartet werden, daß die Einstellung zur Organisation weniger positiv und die Fluktuationsrate höher ist, wenn man mehr bzw. bessere Alternativen hat (z.B. Pfeffer & Lawler, 1980; Hulin, Roznowski & Hachiya, 1985). Welche Wirkungsmechanismen kommen hierfür in Frage? Im Sinne der Ausführungen zum fortsetzungsbezogenen Commitment kann angenommen werden, daß fehlende Alternativen zu "struktureller Bindung" führen - auch wenn es eigentlich fraglich ist, warum man dann noch von Commitment sprechen sollte. Des weiteren ist aber auch denkbar, daß im Falle (wodurch auch immer bedingten) hohen Commitments ebenfalls hohe Ansprüche an Alternativen gestellt werden, was deren Zahl reduziert. Eine dritte Möglichkeit lautet, daß hohes Commitment mit Rechtfertigungstendenzen einhergeht, die u.a. dazu führen, eventuelle Alternativen abzuwerten. Schließlich könnten die Alternativen verhaltensbezogenes Commitment reduzieren, da ihr Vorliegen zu höheren Ansprüchen an die Qualität der gewählten Option führt.

Mittlerweile gilt es als gesicherter Befund, daß es eine negative Korrelation zwischen alternativen Arbeitsplatzmöglichkeiten und *Arbeitszufriedenheit* gibt (Hulin et al., 1985), wobei die Annahme, daß die Wahrnehmung der Verfügbarkeit direkt die Arbeitszufriedenheit beeinflußt, die meisten Anhänger hat. Pond und Geyer (1987) fanden insbesondere bei jüngeren Mitarbeitern einen *starken* negativen Zusammenhang zwischen wahrgenommenen Alternativen und Arbeitszufriedenheit.[1]

Neben diesen direkten Beziehungen zwischen Alternativen und verhaltensbezogenem Commitment können Alternativen aber auch einen *moderierenden* Einfluß auf die Determinanten des verhaltensbezogenen Commitments ausüben: alternative Möglichkeiten können die Beziehungen zwischen Arbeitszufriedenheit und Fluktuationsneigung bzw. Fluktuation moderieren. Die Annahme liegt nahe, daß dieses Commitment einfach aus Zufriedenheit resultiert, und daß geringe Zufriedenheit dann zu stärker reduziertem Commitment führt, wenn Alternativen existieren. Ger-

---

[1] Naheliegend ist schließlich auch die Annahme eines Effekts von Alternativen auf Fluktuation. Steel und Griffeth (1989) fanden aber lediglich einen schwachen Zusammenhang zwischen wahrgenommenen Alternativen und Fluktuation. Sie führen dies auf drei methodische Probleme zurück: die Verwendung beruflich homogener Stichproben, die geringe Grundwahrscheinlichkeit der Fluktuation und unbefriedigende Operationalisierungen der Variable "wahrgenommene Alternativen".

hart (1990) untersuchte, welchen Einfluß die wahrgenommene Einfachheit eines Stellenwechsels auf den Zusammenhang zwischen Arbeitszufriedenheit und Fluktuationsabsicht hat. Es zeigte sich zunächst, daß es einen direkten Effekt der wahrgenommenen Einfachheit des Stellenwechsels auf die Fluktuationsabsicht gab. Zudem fand Gerhart (1990) einen Moderatoreffekt auf die Beziehung zwischen Arbeitszufriedenheit und Fluktuationsabsicht: Wenn es einfach erscheint, den gegenwärtigen Arbeitsplatz zu wechseln, hat eine geringe Arbeitszufriedenheit eine stärkere Wirkung auf die Fluktuationsabsicht. Ähnlich konnten Carsten und Spector (1987) zeigen, daß der Zusammenhang zwischen (geringer) Arbeitszufriedenheit und Fluktuation stärker ist, wenn die Arbeitslosenrate gering ist.

Die einfachste Erklärung dafür, warum eine Beziehung aufrechterhalten wird, lautet, daß man aus dieser Beziehung einen Nutzen zieht, daß sie einen Wert besitzt, daß man mit ihr zufrieden ist. Sinkt die Qualität der Beziehung, ist man mit ihr weniger zufrieden, dann wendet man sich einer Alternative zu. So könnte man versuchen, die Stabilität von Beziehungen "ökonomisch" zu erklären: Eine Beziehung wird so lange aufrechterhalten, wie ihr Wert den alternativer Möglichkeiten übertrifft und Minimalanforderungen genügt. Das hieraus resultierende Commitment soll *austauschbezogenes Commitment* genannt werden, auch wenn man sich durchaus die Frage stellen sollte, warum hier der Begriff "Commitment" überhaupt noch benötigt wird.

Aber muß man wirklich erklären, warum Menschen sich für die Option entscheiden, mit der sie zufrieden sind? Und ist es nicht offensichtlich, daß man um so schneller eine weniger zufriedenstellende Beziehung verläßt, je mehr und je bessere Alternativen existieren? Commitment *instrumentell* zu erklären würde bedeuten, daß Commitment eine Gegenleistung für Ressourcen ist, die von der Organisation zur Verfügung gestellt werden. Diese Gegenleistung kann in *Erwartung* von Ressourcen erbracht werden (Arbeitsleistung gegen spätere Beförderung), oder um das *Gleichgewicht* zwischen den Aufwendungen des einzelnen und der Organisation aufrechtzuerhalten (Arbeitsleistung gegen Bezahlung). Diese *austauschtheoretische* Sichtweise ist jedoch unbefriedigend, wenn damit einfach nur ausgesagt wird, daß Commitment eine Art von Einstellung ist, die auf Gegenleistungen abzielt. Scholl (1981) definiert deshalb Commitment als einen stabilisierenden Druck, der die Fortsetzung eines Verhaltens bewirkt, selbst wenn Erwartungen nicht erfüllt werden und das Gleichgewicht in Beziehungen nicht aufrechterhalten wird.

Nach Scholl (1981) sind es vier Faktoren, die unabhängig von der Erwartung von Gegenleistungen Commitment bewirken: Investitionen, Reziprozität, Mangel an Alternativen und Identifikation. *Investitionen* sind zunächst der eindeutigste Fall, daß Commitment nicht aufgrund von Erwartungen oder Bedürfnissen nach Wiederherstellung eines Gleichgewichts verstärkt wird, sondern lediglich aufgrund des bereits aufgebrachten Aufwands. Das so entstandene Commitment kann ein Individuum an eine Organisation binden, *obwohl* seine Erwartungen nicht eintreffen.[2] Demgegenüber müßte nach einem austauschtheoretischen Verständnis von Commitment dieses mit dem Ausmaß an Enttäuschungen über wenig lohnende Investitionen zurückgehen.

Die Norm der *Reziprozität* ist nach Scholl (1981) dann verhaltensrelevant, wenn das Individuum bereits etwas erhalten hat und sich nun verpflichtet fühlt, eine Gegenleistung zu erbringen. Ein Beispiel hierfür sind umfangreiche Ausbildungsmaßnahmen zu Beginn der Tätigkeit. Man beachte, daß in die Zukunft gerichtete Erwartungen hierbei keine Rolle spielen müssen.

Mit *"Mangel an Alternativen"* ist zunächst gemeint, daß sich Individuen, die länger in einer Organisation sind, zunehmend spezialisieren und damit immer weniger transferierbar sind. Aber natürlich können es einfach fehlende attraktive Alternativen sein, die zu einem Verbleib in der Organisation führen. *Identifikation* mit der Organisation in dem Sinne, daß die Organisation dabei hilft, die eigene soziale Identität zu definieren, kann ebenfalls, und zwar abermals unabhängig davon, was die Organisation an "konkreten" Ressourcen bietet, zu Commitment führen.

Eine Gemeinsamkeit der bisher vorgestellten Ansätze besteht darin, daß zurückliegende Investitionen eine Rolle dabei spielen, ob eine Beziehung aufrechterhalten wird, ein Handlungsstrang fortgesetzt wird usw. Wenn aber eine Beziehung fortgesetzt wird, *obwohl* die Zufriedenheit gering ist und Alternativen vorhanden sind, dann bedarf dies tatsächlich einer Erklärung, die nicht mehr "rein" ökonomischer Natur sein kann.

Die Bedeutung von Alternativen und Investitionen wird im Investitionsmodell von Rusbult, das nun vorgestellt werden soll, genauer untersucht. Das Investitionsmodell, das zunächst auf romantische Beziehungen angewendet wurde, geht von der Annahme aus, daß die *Zufriedenheit* mit einer Beziehung und das *Commitment* in eine Beziehung zu unterscheiden sind. Unter Commitment verstehen Rusbult und Mitarbeiter (z.B. Rusbult, 1980a, 1980b; Rusbult & Farrell, 1983; Farrell & Rusbult, 1981) die Tendenz, eine Beziehung aufrecht zu erhalten, es handelt sich also um ein Modell des verhaltensbezogenen Commitments. Das Modell geht auf Annahmen der Interdependenztheorie zurück (Thibaut & Kelley, 1959; Kelley & Thibaut, 1978). Zufriedenheit wird in diesem Modell definiert als Ausmaß, in dem eine Beziehung zu hohen Belohnungen und geringen Kosten führt sowie das Vergleichs- oder Anspruchsniveau (= die Erwartungen) übertrifft. Zunächst kann davon ausgegangen werden, daß mit der Höhe der Zufriedenheit auch das Commitment zunimmt. Nun kommen allerdings noch zwei weitere Variablen hinzu: Alternativen und Investitionen. Das Commitment ist dann stärker, wenn die beste verfügbare Alternative von geringerer Qualität ist als die derzeitig wahrgenommene Option. Die Interdependenz-

---

[2] Im Sinne von Hirschman (1974) könnte angenommen werden, daß bei hohen Investitionen auch eine große *Hoffnung* besteht, daß sich etwas ändert.

theorie wird nun im Investitionsmodell durch das Ausmaß investierter Ressourcen ergänzt: Je mehr Ressourcen in eine Beziehung investiert wurden, desto stärker ist das Commitment, da diese Ressourcen im Falle des Aufgebens der Beziehung verlorengehen würden. Commitment ist eine Funktion von Belohnungen, Kosten, Investitionen und Alternativen und kann formal definiert werden[3] als:

Commitment = Zufriedenheit + Investitionen − Alternativen

Weitere Belege dafür, daß die Tendenz, eine romantische Beziehung zu verlassen, negativ mit Zufriedenheit und Investitionen sowie positiv mit attraktiven Alternativen korreliert ist, fanden Rusbult (1983), Rusbult, Johnson und Morrow (1986a,b) sowie Sprecher (1988). Schließlich untersuchte auch Oliver (1990) den Beitrag, den Zufriedenheit, Investitionen und Alternativen zur Erklärung von Commitment leisten. Die wahrgenommenen Alternativen trugen allerdings nicht zur zusätzlichen Prognose von verhaltensbezogenem Commitment bei. Eine Erklärung hierfür liefern die von Oliver (1990) selbst berichteten Daten. Die Zahl wahrgenommener Alternativen ist nämlich hoch negativ mit Zufriedenheit korreliert. Dies ist auch nicht weiter überraschend, drückt sich in den verwendeten Items doch bereits hohe Zufriedenheit aus. So lautet eine Aussage: "Insgesamt wäre es schwierig, einen alternativen Arbeitsplatz zu finden, der besser als der derzeitige ist." Solche Items können im Falle hoher Zufriedenheit nur so beantwortet werden, daß die Alternativen schlecht sind und zwar deshalb, weil diese sehr hohen Ansprüchen genügen müßten.

Die ersten Anwendungen des Investitionsmodells bezogen sich auf die Stabilität von romantischen Beziehungen und Freundschaften, es liegen aber auch Untersuchungen zur Stabilität von Beschäftigungsverhältnissen vor. Farrell und Rusbult (1981), Rusbult und Farrell (1983) sowie Rusbult, Farrell, Rogers und Mainous (1988) wenden das Investitionsmodell wie folgt auf den organisationspsychologischen Anwendungsbereich an: Commitment ist Ergebnis des allgemeinen Niveaus der Arbeitszufriedenheit, des Ausmaßes an Investitionen und der Qualität von Arbeitsplatzalternativen. Arbeitszufriedenheit ist dabei eine Funktion der Belohnungen und Kosten, die mit einem Arbeitsplatz verknüpft sind. Farrell und Rusbult (1981) konnten ihre Annahmen in zwei Untersuchungen bestätigen. Rusbult und Farrell (1983) fanden, daß Commitment positiv mit Zufriedenheit und Investitionen sowie negativ mit Alternativenqualität korreliert war. Zudem nahm das Gewicht von

---

[3] Das Investitionsmodell wird von Drigotas und Rusbult (1992) als eine *Variante* der Theorie von Thibaut und Kelley (1959) bezeichnet. Da aber Investitionen neben Zufriedenheit und Qualität der Alternativen treten, sollte man wohl besser von einer *Erweiterung* des Ansatzes von Thibaut und Kelley (1959) sprechen, zumal die Wirkung von Investitionen austauschtheoretisch nur schwierig erklärbar zu sein scheint.

Investitionen über die Zeit hinweg zu. Das (abnehmende) Commitment erwies sich als bester Prädiktor von Fluktuation (vgl. auch Kasten 2).

Kasten 2: Verhaltensbezogenes Commitment durch geeignete Wege der Gewinnung neuer Mitarbeiter erhöhen

---

Aus den Annahmen des Investitionsmodells von Rusbult ergibt sich, daß die Fluktuation neuer Mitarbeiter dann geringer ist, wenn sie zufriedener sind, mehr investiert haben und die Qualität von Alternativen geringer ist. Diese Faktoren können nun aber bereits im Vorfeld der Einarbeitung neuer Mitarbeiter genutzt werden, nämlich bei der Wahl von Rekrutierungswegen. Ein wiederholt bestätigtes Ergebnis lautet, daß informelle bzw. interne Bewerbungswege mit weniger Fluktuation einhergehen (Wanous, 1992). Wie nun Moser (1995) zeigen konnte, waren Mitarbeiter, die über interne Bewerbungswege ins Unternehmen kamen, zufriedener und wiesen ein höheres einstellungsbezogenes Commitment auf. Zudem hatten sie auch weniger alternative Stellenangebote als neue Mitarbeiter, die über externe Bewerbungswege ins Unternehmen kamen. Und schließlich waren interne Bewerbungswege oft mit Investitionen - z.B. in Form von Praktika oder Diplomarbeiten - verknüpft.

Eine Beziehung zu verlassen, wird nicht nur dadurch verhindert, daß die Zufriedenheit hoch, die Alternativenqualität gering oder die drohenden Opfer schwerwiegend sind. Auf das Sinken von Qualität kann nicht nur mit *Abwanderung*, sondern auch mit *Widerspruch* (Hirschman, 1974) reagiert werden. Wer mit seinem Vorgesetzten unzufrieden ist, sich von seinem Partner vernachlässigt fühlt oder Ärger mit einem reparaturanfälligen Auto hat, kann sich zunächst einmal *beschweren* - und wird dies auch gelegentlich tun - anstatt sofort Arbeitsplatz, Partner oder Automarke zu wechseln.[4] Das Ausmaß der Abwanderung wird nun durch die *Loyalität* beeinflußt. Unter der Bedingung hoher Loyalität, "... jener besonderen Anhänglichkeit an eine Organisation ..." (Hirschman, 1974, S.66), sinkt die Wahrscheinlichkeit der Abwanderung und wird die Tendenz zum Widerspruch verstärkt. Loyales Verhalten ist allerdings insofern einem "rationalen Kalkül" unterworfen, als es nur dann auftritt, wenn Aussicht besteht, daß sich etwas zum Besseren verändert.[5]

---

[4] Diese aus ökonomischer Sicht begrenzte Elastizität hat einen nicht zu unterschätzenden Wert für die Stabilität der betreffenden Märkte (Hirschman, 1974, S.20). Hinzu kommt, daß sich mit dem Fortdauern von Beziehungen auch Gewohnheiten entwickeln und damit eine gewisse Toleranz gegenüber Qualitätsschwankungen entsteht.

[5] Zur Kritik des Konzepts "Loyalität" vgl. Withey und Cooper (1989) sowie Leck und Saunders (1992).

32   Das Investitionsmodell

Rusbult et al. (1988) gehen von einer Typologie mit vier Reaktionsmöglichkeiten auf unbefriedigende Situationen aus, welche die Überlegungen von Hirschman (1974) weiterentwickelt. Die Reaktionen können aktiv oder passiv sowie konstruktiv oder destruktiv sein. In ein entsprechendes Vier-Felder-Schema (vgl. Abbildung 1) lassen sich dann vier Reaktionsmöglichkeiten einordnen: Austritt bzw. Abwanderung ("Exit"), Beschwerdeverhalten bzw. Widerspruch ("Voice"), Vernachlässigung ("Neglect") und Loyalität.

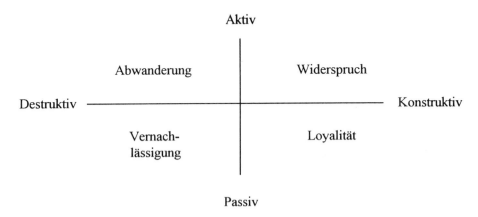

Abbildung 1: Eine Typologie von Reaktionen auf Arbeitsunzufriedenheit (Rusbult et al., 1988, S.601)

Rusbult et al. (1988) präzisieren nun das Investitionsmodell wie folgt. Die erste Hypothese lautet, daß hohe Zufriedenheit mit mehr Beschwerdeverhalten oder Loyalität einhergeht und mit weniger Austrittsverhalten und Vernachlässigung. Die zweite Hypothese bezieht sich auf die Konsequenzen hoher Investitionen. Mit Investitionen sind all die Ressourcen gemeint, die ein Mitarbeiter in seinen Arbeitsplatz investiert hat, so unter anderem die Jahre am Arbeitsplatz, arbeitsplatzspezifische Qualifikation, Vertrautheit mit Organisation und Vorgesetzten, Pensionsansprüche, bequeme Wohn- und Anfahrtsmöglichkeiten oder Freunde bei der Arbeit. Die zweite Hypothese lautet nun: Mitarbeiter, die hohe Investitionen in ihren Arbeitsplatz getätigt haben, zeigen mit weniger großer Wahrscheinlichkeit Austritt und Vernachlässigung und mit größerer Wahrscheinlichkeit Beschwerdeverhalten und Loyalität. Die dritte Hypothese bezieht sich schließlich auf die Qualität der Alternativen. Die Annahme lautet, daß Mitarbeiter mit Alternativen hoher Qualität mit größerer Wahrscheinlichkeit Austritt oder Beschwerdeverhalten zeigen und weniger wahrscheinlich loyal sind oder Vernachlässigung zeigen als Mitarbeiter mit schlechten Arbeitsplatzalternativen. In den Untersuchungen von Rusbult et al. (1988) führten geringere Arbeitszufriedenheit, geringere Investitionen und bessere Qualität der

Alternativen tatsächlich zu intensiverem Austrittsverhalten. Zudem vermochten die drei Faktoren das Austrittsverhalten dann am besten vorherzusagen, wenn sie kombiniert wurden. Auch die anderen drei Hypothesen konnten im Prinzip durchgängig bestätigt werden.

Zum Abschluß dieses Abschnitts sei nochmals auf das Problem der Qualität bzw. Zahl der Alternativen eingegangen. Zunächst sei erwähnt, daß "Zahl" und "Qualität" vergleichbare Auswirkungen zugeschrieben wurden. Es wurde davon ausgegangen, daß eine Alternative nur dann ernsthaft als solche bezeichnet wird, wenn ihre Qualität mindestens mit der Qualität der augenblicklich wahrgenommenen Option vergleichbar ist. Und es wurde des weiteren davon ausgegangen, daß mit Zunahme der Anzahl der Alternativen die Wahrscheinlichkeit steigt, daß sich eine Alternative von besonders guter Qualität hierunter befindet. Dies ist zunächst zu bedenken, wenn es darum geht, daß Brockner und Rubin (1985) meinen, zwischen dem Wartekonfliktmodell und dem Investitionsmodell unterscheiden zu können: Während definitionsgemäß ein Wartekonflikt dann nicht entstehen könne, wenn ein Individuum keine Wahl habe, besage das Investitionsmodell, daß Commitment in negativer Beziehung zur Zahl der Alternativen stehe. Daraus müßte sich ergeben, daß das Commitment am höchsten sei, wenn es überhaupt keine Wahl gebe (Brockner & Rubin, 1985). Die Operationalisierungen von Rusbult und Mitarbeitern bestanden aber immer darin, die *Qualität* von Alternativen zu erfragen, weshalb ein unmittelbarer Test dieser Annahme noch aussteht. Ob man sie aber überhaupt prüfen soll, sei hier bezweifelt. Denn schließlich ist es, wie bereits erwähnt, wenig sinnvoll, im Falle fehlender Alternativen überhaupt von Commitment zu sprechen.

Auch wenn im Zusammenhang mit der Konzeption von Commitment durch Kiesler (1971) bereits von einem "Bindungsgefühl" die Rede war, so klang dies doch eher metaphorisch. Einen Erklärungsstatus im Sinne. einer meßbaren Variable erhielt Commitment vor allem durch die Arbeiten von Mowday und Mitarbeitern (Mowday et al., 1982). War *konsistentes Verhalten* bei Becker (1960) noch *Definitionsbestandteil*, bei Kiesler (1971) *Auslöser* und bei Brockner und Rubin (1985) sowie Rusbult und Farrell (1983) mehr oder weniger Synonym von bzw. für Commitment, so wird es nunmehr lediglich zu einer von vielen *abhängigen Variablen*, auf die sich Commitment auswirkt.

5. Commitment erklärt konsistentes Verhalten

In den vorangehenden Kapiteln wurden relativ feingliedrige theoretische Analysen des Commitment-Konzepts vorgenommen und dann u.a. auf das Phänomen des Verbleibens in einer Organisation angewendet. Die in diesem Kapitel eingenommene Perspektive geht davon aus, daß es bestimmte organisationale Probleme wie z.B. Fluktuation gibt. Dann wird die Frage gestellt, ob diese Probleme erklärt, prognostiziert und reduziert werden können.[1]

Warum ist überhaupt Interesse an *organisationalem Commitment* entstanden? Der zuerst zu nennende Grund ist sicherlich, daß es sich dabei um einen Prädiktor von bestimmten Verhaltensweisen, insbesondere von Fluktuation handelt. Darüber hinaus ist aber das Konzept des organisationalen Commitments auch intuitiv für Verhaltenswissenschaftler und Praktiker gleichermaßen von Bedeutung (Salancik, 1977). Commitment oder "Loyalität" ist eine Verhaltensweise bzw. eine Einstellung, die von vielen als aus Sicht der Organisation wünschenswert angesehen wird. Beispielsweise wird von der Förderung organisationalen Commitments auch ein Effekt auf die Integrität der Mitarbeiter erwartet (vgl. Kasten 3). Zum dritten schließlich mag es aber auch interessant sein, mehr darüber zu lernen, wie Menschen mit ihrer Umgebung zurecht kommen und wie sie sich mit Objekten in ihrem Umfeld identifizieren (Mowday et al., 1982).

Die These, die in diesem Kapitel ausführlicher untersucht werden soll, lautet, daß es eine Form von Commitment gibt, die *dispositionalen* Charakter hat. Dieses organisationale Commitment hat einen bedeutsamen Stellenwert für die Erklärung des Verhaltens in Organisationen. Im Gegensatz zu den bisher behandelten Varianten von Commitment wirkt es *aktiv* auf das Verhalten von Organisationsmitgliedern. Organisationales Commitment hat den Charakter einer *Einstellung*.

Was *ist* nun aber organisationales Commitment? Im folgenden wird versucht, eine Rekonstruktion der Entwicklung dieses Konzepts vorzunehmen, die mit dem Begriff der "Moral" von Mitarbeitern beginnt.

Moral und Identifikation. Ein früher Vorläufer dessen, was heute als organisationales Commitment bezeichnet wird, findet sich im Begriff der "Moral" von Mitarbeitern. Nach Viteles (1953) sind die Zufriedenheit mit der Organisation, der Wunsch, in ihr zu verbleiben sowie ein Streben nach den Zielen der Organisation die drei Facetten

---

[1] Diese einleitenden Bemerkungen sollen verständlich machen, warum es im folgenden vor allem um Meßprobleme geht, nämlich um die Frage, mit welchen Methoden insbesondere Fluktuation prognostiziert werden kann. Dabei wird sich zeigen, daß sich organisationales Commitment als *Prädiktor* eignet.

Kasten 3: Erhöhung organisationalen Commitments zur Förderung ehrlichen bzw. integeren Verhaltens (Murphy, 1993, S.209f.)

Einen Nutzen der Förderung organisationalen Commitments sieht Murphy (1993) darin, daß es weniger wahrscheinlich sei, daß Mitarbeiter mit hohem Commitment unehrliches bzw. unintegeres Verhalten bei der Arbeit zeigen (z.B. Stehlen oder private Angelegenheiten während der Arbeitszeit erledigen). Zur Förderung des Commitments kommen nach Mathieu und Zajac (1990) folgende drei Vorgehensweisen in Frage:

1. Der Arbeitsplatz sollte so gestaltet sein, daß er Autonomie und Gelegenheiten zur intrinsischen Befriedigung ermöglicht, mit einer Vielfalt von Aufgaben konfrontiert sowie Herausforderungen vermittelt.

2. Es ist darauf zu achten, wie die Beziehungen zwischen der Arbeitsgruppe und Vorgesetzten gestaltet sind. Hier ist an die Qualität der Kommunikation zu denken, die Partizipation der Mitarbeiter bei Entscheidungen, angemessene Anleitung und Hilfen bei kritischen Aufgaben oder auch das sich Kümmern um das Wohlbefinden der Mitarbeiter.

3. Die Rollen, welche die Mitarbeiter in der Organisation haben, sollten klar und konsistent definiert werden. Denn es finden sich Belege, daß beispielsweise Rollenkonflikte und Rollenambiguität mit geringerem Commitment einhergehen.

von Moral. Damit ergibt sich auch, daß diese Moral mit Fluktuation in Beziehung gebracht werden müßte. Und genau diese Frage stellte bereits Wickert (1951), nämlich inwiefern die "Moral" von Mitarbeitern erklären könnte, warum diese ein Unternehmen verlassen. Wickert (1951) befragte Mitarbeiter, die zwischen 1945 und 1948 von einem größeren Unternehmen eingestellt worden waren. Ein Teil dieser Mitarbeiter hatte das Unternehmen zum Befragungszeitpunkt wieder verlassen, während die anderen weiterhin beschäftigt waren. Worin unterschieden sich nun die beiden Gruppen? Interessant ist zunächst, worin sie sich *nicht* unterschieden, nämlich in biographischen Merkmalen, den Eignungstestwerten zu Beginn des Arbeitsverhältnisses und Persönlichkeitsmerkmalen. Ebenfalls keine Unterschiede fanden sich in den gegenwärtigen Einstellungen gegenüber den Vorgesetzten oder der Bezahlung. Hingegen sahen die Befragten, die das Unternehmen verlassen hatten, weniger Partizipationsmöglichkeiten und hatten auch weniger den Eindruck, etwas zum Erfolg des Unternehmens beigetragen zu haben. Insgesamt also, so Wickert (1951), scheint es Zusammenhänge zwischen der "Moral" der Mitarbeiter und Fluktuation zu geben, während sich andere Variablen als weniger hilfreich erwiesen, Fluktuation zu erklären.

Die Untersuchung von Wickert (1951) ist aus verschiedenen Gründen kritisierbar. Zunächst ist es die konzeptionelle Unschärfe des Begriffs "Moral", der sowohl Einstellungen als auch Werthaltungen umfaßt, in den sowohl Arbeitszufriedenheit als auch Aspekte der "Identifikation" eingehen. Vom methodischen Standpunkt aus ist vor allem zu kritisieren, daß nicht verschiedene *Arten* von Fluktuation unterschieden wurden und daß die Befragung *nach* dem Verlassen des Unternehmens stattfand. Hinsichtlich der *Art* der Fluktuation wurde nicht unterschieden zwischen Personen, die freiwillig in ein anderes Unternehmen gewechselt waren, und solchen, denen gekündigt worden war oder die aus familiären Gründen gänzlich ihre Erwerbsarbeit aufgegeben hatten.[2]

"Moral" wird hier als ein psychologischer Zustand verstanden, der auf eine soziale Einheit gerichtet ist, nach Viteles (1953) auf eine Gruppe oder eine *Organisation*. Zugleich scheinen auch die Ziele und Werte dieser sozialen Einheit eine Rolle zu spielen, die internalisiert werden oder mit denen man sich *identifiziert*. So definiert Blankenship (1939) den Begriff "industrielle Moral" als eine Art von Identifikation mit und Interesse an der eigenen Arbeit, den Arbeitsbedingungen, Kollegen, Vorgesetzten und dem Unternehmen.

Insbesondere der Begriff der "Identifikation" spielt nachfolgend eine wichtige Rolle. Identifikation hat selbst wiederum zahlreiche Bedeutungen (vgl. Sanford, 1955; Kagan, 1958). Die hier relevante ist das Zugehörigkeitsgefühl zu einer Organisation, von der man glaubt, Bestandteil zu sein. Identifikation ist nach Kagan (1958) eine erworbene kognitive Reaktion einer Person. Dabei werden Merkmale, Motive oder affektive Zustände eines Modells Teil der eigenen "psychologischen Organisation". Bestandteile des Identifikationsprozesses sind u.a., daß Zielzustände des Modells angestrebt werden, daß man sich wünscht, so wie das Modell zu sein, daß man Erfolge oder Mißerfolge des Modells miterlebt. Kagan (1958) bezieht das Konzept der Identifikation vor allem auf *zwischenmenschliche Beziehungen*. Die über das Entstehen und die Stärke von Identifikation formulierten Hypothesen lassen sich aber auch auf die Identifikation mit einer *Organisation* übertragen.

---

[2] Damit sind auch bereits drei Aspekte angesprochen worden, die in der Folgezeit in der Diskussion zum organisationalen Commitment von zentraler Bedeutung waren:
– Wie ist organisationales Commitment überhaupt zu definieren und z.B. von Arbeitszufriedenheit oder Werthaltungen abzugrenzen?
– Zu welchem Zeitpunkt bzw. mit Hilfe welcher Designs ist organisationales Commitment zu messen, damit es auch als *Prädiktor* von Fluktuation fungieren kann?
– Welche Art von Fluktuation sollte erfaßt werden, um das zu prognostizieren, was sich tatsächlich als problematisch bzw. als überhaupt beeinflußbar erweist?

Eine der ersten empirischen Untersuchungen, die sich mit dem Phänomen der *organisationalen* Identifikation befaßte, stellt die Untersuchung von Brown (1969) dar. Nach Brown (1969) hängt das Involvement eines Individuums gegenüber einer Organisation davon ab, inwiefern die Organisation als exklusive Quelle der Befriedigung wichtiger Bedürfnisse wahrgenommen wird. Identifikation ist nach Auffassung von Brown (1969) eine *Folge* des Involvements eines Organisationsmitglieds in eine Organisation. Wie definiert nun Brown (1969) Identifikation? Hierzu greift der Autor auf eine von Kelman (1958) eingeführte Definition zurück. Nach Kelman liegt dann Identifikation vor, wenn eine Person eine zufriedenstellende selbstdefinierende Beziehung zu einer anderen Person oder Gruppe etablieren oder aufrechterhalten will. Die Identifikation mit einer Organisation wird dann wahrscheinlicher, wenn die Organisation zum einen ein benötigter Ort wird, um die ich-involvierenden Aktivitäten ausführen und zum andern eine wichtige Quelle für Leistungsstandards darstellt. In diesem Fall liegt eine *symbolische Motivation* vor. Eine *pragmatische Motivation* liegt demgegenüber dann vor, wenn das Ergebnis einer Aktivität, nicht die Aktivität selbst, für das Individuum wertvoll ist. Eine Organisation kann zwar auch zur Befriedigung pragmatischer motivationaler Zustände beitragen, hieraus resultiert jedoch Abhängigkeit, keine Identifikation.

Aus den vorstehenden Überlegungen folgt, daß sich ein Individuum dann mit einer Organisation identifizieren wird, wenn es die eigene Mitgliedschaft als relevant hinsichtlich der Befriedigung symbolischer motivationaler Zustände sieht. Identifikation ist unabhängig von pragmatischen Belohnungen wie z.B. Bezahlung, Seniorität oder besseren Arbeitsbedingungen. *Was genau* muß aber eine Organisation nun zufriedenstellen? Die Antwort hierauf lautet, daß Arbeit in Organisationen grundsätzlich dazu dienen kann, eine breite Vielfalt von Bedürfnissen zu befriedigen, insbesondere - so Brown (1969) - das Bedürfnis, etwas zu leisten. Arbeitsbezogene Leistungszufriedenheit trägt dazu bei, die Bindung zwischen Individuum und Organisation mittels Identifikation zu verstärken. Leistung ist aber nur *ein* Beispiel für einen symbolischen motivationalen Faktor. Führt man nämlich die Überlegungen von Brown (1969) weiter, dann kann die Identifikation mit einer Organisation auch andere Ursachen haben als die, daß sie es ermöglicht, Aktivitäten auszuüben, die für das Individuum intrinsisch motivierend sind. Identifikation könnte beispielsweise auch dann stark ausgeprägt sein, wenn Zusammengehörigkeitsbedürfnisse oder Sicherheitsbedürfnisse durch die Mitgliedschaft in der Organisation befriedigt werden. Als wichtige Annahme läßt sich aus den bisherigen Ausführungen ableiten, daß der Zusammenhang zwischen Bedürfnisbefriedigung und Identifikation davon abhängt, wie wichtig bzw. bedeutsam für die einzelne Person das jeweilige Bedürfnis ist. Wie ist nun das Konzept der Identifikation nach Brown (1969) näher zu spezifizieren? Es sind vier Aspekte, die Identifikation definieren: Attraktivität der Organisation, Übereinstimmung von individuellen und organisationalen Zielen, Loyalität und Bezugnahme des Selbst auf die Mitgliedschaft in der Organisation.[3]

Die theoretischen Analysen von Brown (1969) sind auch deshalb bemerkenswert, weil eine Reihe von Annahmen getätigt werden, die das Konzept der Identifikation von verwandten anderen Konzepten abzugrenzen erlauben. Beispielsweise vermutet Brown (1969), daß es eine negative Beziehung zwischen der Kohäsion der Arbeitsgruppe und der Identifikation dieser Gruppe mit der Organisation gibt. Die Arbeitsgruppe wird sozusagen zum Ersatz der Organisation, übernimmt deren Funktionen, was etwa die Bedürfnisse nach "Selbstdefinition" betrifft. Eine weitere Annahme betrifft die Unterscheidung von Zufriedenheit und Identifikation. Nach Brown (1969) läßt sich Identifikation insofern von Zufriedenheit unterscheiden, als die Faktoren der *Zufriedenheit*, die von einer Organisation beeinflußbar sind, *pragmatisch* sind. Da aber, wie bereits oben ausgeführt, Identifikation unabhängig von der pragmatischen Motivation ist, sollte sie auch unabhängig von verschiedenen Maßen der Zufriedenheit sein. Identifikation mit der Organisation sollte auch nicht in Beziehung zur Dauer der Zugehörigkeit zum Unternehmen oder zur hierarchischen Position stehen. Die Ergebnisse, die Brown (1969) berichtet, bestätigen im wesentlichen die Annahmen. So zeigten sich *keine* signifikanten Zusammenhänge zwischen Identifikation und Facetten der Zufriedenheit, durchaus aber zwischen Identifikation und dem Ausmaß, in dem es die Arbeitsorganisation erlaubt, leistungsbezogene symbolische Motive zu befriedigen.[4]

Nach Hall, Schneider und Nygren (1970) ist organisationale Identifikation der Prozeß, in dem die Ziele der Organisation und des Individuums zunehmend kongruent werden. Werte und Ziele der Organisation werden Bestandteil der eigenen Identität. Ähnlich wie Brown (1969) nehmen auch Hall et al. (1970) an, daß ein Zusammenhang besteht zwischen dem Ausmaß organisationaler Identifikation und der Bedürfnisbefriedigung, die in der eigenen Arbeit erlebt wird. Dies bezieht sich insbesondere auf Autonomie- und Selbstverwirklichungsbedürfnisse. Organisationale Identifikation wurde von Hall et al. (1970) durch Fragen gemessen, in denen folgende vier Aspekte thematisiert wurden:

- ob die Organisation eine große Familie ist, zu der sich der einzelne Mitarbeiter zugehörig fühlt,

---

[3] Das entsprechende Item zum vierten Aspekt stellt die Frage, ob beispielsweise dann, wenn man gebeten wird, sich selbst zu beschreiben, angeführt wird, daß man für die jeweilige Organisation arbeitet.

[4] Die Untersuchung von Brown (1969) wird oft zitiert, wenn es um die Entwicklung der Forschung zum *Commitment* geht. Dies ist insofern bemerkenswert, als Brown (1969) selbst diesen Begriff nicht verwendet. Bedient man sich zudem der Klassifikation von Kelman (1958), dann sollte auch bedacht werden, daß Brown (1969) Wert auf die Unterscheidung von Identifikation und Internalisation legte. Allerdings wurden bei der konkreten Operationalisierung von Identifikation unter anderem Loyalität sowie die Übereinstimmung individueller und organisationaler Ziele erfragt.

- ob er ein starkes Ausmaß an Identifikation empfindet,

- ob er stolz darauf ist, Teil der Organisation zu sein und

- ob er der Auffassung ist, daß die Organisation in ihrem Bereich als "führend" bezeichnet werden kann.

Eines der zentralen Ergebnisse von Hall et al. (1970) lautete, daß es einen positiven Zusammenhang zwischen der Dauer der Organisationszugehörigkeit und dem Ausmaß organisationaler Identifikation gab. Zudem fanden sich Zusammenhänge zwischen organisationaler Identifikation und dem Ausmaß, in dem eine Befriedigung "höherstehender" Bedürfnisse empfunden wurde.

In der Untersuchung von Hall et al. (1970) wird der Begriff des organisationalen Commitment nur gelegentlich erwähnt. Im großen und ganzen hat man den Eindruck, daß er gleichbedeutend mit organisationaler Identifikation verwendet wird. Diese *Identifikation* mit der Organisation wurde nun auch zum Bestandteil früher Definitionen von *Commitment*. So definiert Sheldon (1971) Commitment als eine Einstellung zur Organisation, die eine Verknüpfung der Identität der Person mit der Organisation herstellt. Nach Buchanan (1974) besteht Commitment aus drei Komponenten:

- *Identifikation* (Beispielitem: "Ich bin irgendwie stolz darauf, für diese Organisation zu arbeiten."),

- *Involvement* (Beispielitem: "Die wichtigsten Dinge, die mir passieren, haben mit meiner Arbeit zu tun.") und

- *Loyalität* (Beispielitem: "Ich könnte mir ziemlich gut vorstellen, den Rest meiner Karriere in dieser Organisation zu verbringen.").

Die drei Teildimensionen waren hoch korreliert. Nach Buchanan (1974) ist auch Involvement Bestandteil von organisationalem Commitment. In der vorliegenden Untersuchung wird aber Involvement zunächst einmal dadurch von Commitment unterschieden, daß sich Involvement auf die Arbeit oder den Arbeitsplatz bezieht, Commitment aber auf die *Organisation*. In Kapitel 6 wird auf das Involvement-Konzept ausführlicher eingegangen.

Identifikation, Anstrengungsbereitschaft und geringe Fluktuationsneigung. Die mittlerweile einflußreichste Definition von organisationalem Commitment geht auf die Untersuchungen von Mowday und Mitarbeitern zurück. Mowday et al. (1982) definieren Commitment als relative Stärke der Identifikation mit und des Involvements in eine(r) Organisation. Aspekte des Commitments sind

- ein starker Glaube an und eine Akzeptanz von Zielen und Werten der Organisation,

- die Bereitschaft, sich für die Organisation einzusetzen und

- ein starkes Bedürfnis, die Mitgliedschaft in der Organisation aufrechtzuerhalten.

In dieser Definition von Commitment sind eigentlich drei Komponenten enthalten: Identifikation, Anstrengungsbereitschaft und geringe Fluktuationsneigung. Die von Mowday, Porter und Dubin (1974) entwickelte Skala zur Messung von Commitment bildet diese drei Aspekte auch ab (vgl. Kasten 4), die Skala wird aber meistens als eindimensional verstanden und in den meisten Untersuchungen auch so ausgewertet. Eine frühe Untersuchung mit dem von dieser Autorengruppe entwickelten *Organizational Commitment Questionnaire (OCQ)* konnte dessen prädiktive Validität demonstrieren, indem die später stattfindende freiwillige Fluktuation prognostiziert werden konnte (Porter, Crampon & Smith, 1976).

Wodurch unterscheiden sich die in den vorangehenden Kapiteln vorgestellten Ansätze von der in diesem Kapitel dargestellten Perspektive? Die in diesem Kapitel behandelte Variante von Commitment hat erklärenden Status und den Charakter einer *Einstellung*. Einstellungsbezogenes Commitment *erklärt* konsistentes Verhalten. Organisationales Commitment im Sinne von Mowday und Mitarbeitern steht darüber hinaus für ein *aktives* Verhältnis zwischen Individuum und Organisation. Organisationsmitglieder mit hohem Commitment sind gewillt, etwas von sich zu *geben*, um zum Wohl der Organisation beizutragen (Mowday et al., 1982, S.27). Mowday et al. (1982) greifen zudem auf die Unterscheidung von Salancik (1977) in *einstellungsbezogenes* und *verhaltensbezogenes* Commitment zurück. Als prototypische Arbeiten für das einstellungsbezogene Commitment können die Arbeiten von Buchanan (1974) sowie Porter, Steers, Mowday und Boulian (1974) angeführt werden. Unter verhaltensbezogenem Commitment werden von Mowday et al. (1982) die Analysen von Kiesler (1971) und Becker (1960, 1964) subsumiert.

Allerdings sei angemerkt, daß es Mowday et al. (1982) mit der Unterscheidung der verschiedenen Commitmentvarianten nicht sehr genau nehmen. So wird die Frage, inwiefern Mitarbeiter Commitment gegenüber einer Organisation zeigen, im Sinne einer *Austauschbeziehung* beantwortet: Wenn Mitarbeiter sehen, daß ihre Be-

Kasten 4: Commitmentskala

Im folgenden finden Sie eine Reihe von Aussagen. Diese geben Einstellungen wieder, die Menschen gegenüber der Organisation haben können, für die sie arbeiten. Bitte geben Sie nun in bezug auf die Organisation (...), für die Sie gerade arbeiten, an, in welchem Ausmaß Sie diesen Aussagen zustimmen.

1. Ich bin bereit, mich viel mehr anzustrengen als es üblicherweise erwartet wird, um beim Erfolg dieser Organisation zu helfen.
2. Gegenüber meinen Freunden spreche ich darüber, daß es großartig ist, für diese Organisation zu arbeiten.
3. Ich empfinde sehr wenig Loyalität gegenüber dieser Organisation.*
4. Ich würde nahezu jegliche Art von Arbeitstätigkeit akzeptieren, um weiterhin für diese Organisation arbeiten zu können.
5. Ich denke, daß meine eigenen Wertvorstellungen und die Wertvorstellungen der Organisation sehr ähnlich sind.
6. Ich bin stolz darauf, anderen zu erzählen, daß ich zu dieser Organisation gehöre.
7. Ich könnte genauso gut für eine andere Organisation arbeiten, so lange die Art der Arbeit ähnlich wäre.*
8. Diese Organisation fordert mein Bestes von mir im Erbringen meiner Arbeitsleistung heraus.
9. Es müßte sich nur sehr wenig in meinem gegenwärtigen Leben verändern, um mich dazu zu bringen, diese Organisation zu verlassen.*
10. Ich bin sehr froh, daß ich es vorgezogen habe, für diese Organisation zu arbeiten und nicht für andere, die zur Wahl standen, als ich in diese Organisation eintrat.
11. Es bringt nicht besonders viel, in dieser Organisation für eine unbegrenzte Zeit zu bleiben.*
12. Mir fällt es öfter schwer, damit einverstanden zu sein, wie die Politik dieser Organisation in wichtigen Angelegenheiten in Bezug auf ihre Mitarbeiter aussieht.*
13. Ich mache mir wirklich Gedanken über das Schicksal dieser Organisation.
14. Für mich ist das die beste aller möglichen Organisationen, für die man arbeiten kann.
15. Die Entscheidung, für diese Organisation zu arbeiten, war meinerseits ein definitiver Fehler.*

Anmerkungen: Mit „*" gekennzeichnete Items sind negativ gepolt.

dürfnisse befriedigt werden, dann entwickeln sie sozusagen als "Gegenleistung" Commitment.[5]

Dieser theoretische "Pluralismus" spiegelt sich auch in der Konzipierung des OCQ wieder. So könnte auch gefordert werden, daß die Aspekte "Anstrengungsbereitschaft" und "geringe Fluktuationsneigung" eher *Korrelate* oder *Konsequenzen* als Bestandteile von Commitment sein sollten. Angle und Perry (1981) sowie Schechter (1985) identifizierten zwei Faktoren, "wertbezogenes Commitment" und "fortsetzungsbezogenes Commitment" (vgl. auch Gaertner & Nollen, 1989; Mayer & Schoorman, 1992).

Neben diesem Heterogenitätsproblem des OCQ wurde auch die Frage aufgeworfen, inwiefern sich ein Bezug zwischen Commitment und *Leistung* herstellen lasse. Denn bereits Steers (1977) sowie Wiener und Vardi (1980) kamen zu dem Ergebnis, daß es keine klare Beziehung zwischen organisationalem Commitment und Leistung gab. Auch in der Untersuchung von Lee und Mowday (1987) zeigte sich nur ein geringer Zusammenhang. So schien zunächst das Fazit Bestand zu haben, daß es allenfalls einen schwachen Zusammenhang zwischen Commitment und Leistung gibt (Mowday et al., 1982, S.35).[6]

Aber könnte es sein, daß organisationales Commitment zum einen kein homogenes, eindimensionales Konstrukt ist und daß die *Facetten* des Commitment auch unterschiedliche Kriterien (Fluktuation vs. Leistung) jeweils unterschiedlich gut vorhersagen?

Commitment sensu Becker hat nach Meyer, Paunonen, Gellatly, Goffin und Jackson (1989) lediglich die Konsequenz, die minimal erforderliche Leistung zu erbringen, um die Beschäftigung zu behalten, um finanzielle oder andere Kosten zu vermeiden bzw. gering zu halten. Dieses fortsetzungsbezogene Commitment (Meyer & Allen, 1984) ist von affektivem Commitment zu unterscheiden. Meyer et al. (1989) nehmen an, daß *affektives* Commitment durchaus Bezüge zur Leistung (Beurteilung durch den Vorgesetzten) aufweisen müßte. Meyer et al. (1989) verwenden die beiden Teilskalen von Meyer und Allen (1984) zum affektiven bzw. fortsetzungsbezogenen Commitment. Die wichtigsten Ergebnisse sind in Tabelle 2 wiedergegeben.

Es ist also "die Art von Commitment, die zählt" (Meyer et al., 1989): Affektives Commitment korreliert *positiv*, fortsetzungsbezogenes Commitment hingegen *negativ* mit Leistung.[7] Wenn es nun zutrifft, daß die positiv formulierten Items des OCQ das

---

[5] Auch ansonsten bedienen sich Mowday et al. (1982) verschiedener theoretischer Orientierungen. Beispielsweise stellen sie die These auf, daß Commitment sowohl als Einstellung Verhalten verursache als auch als Verhalten Einstellungen beeinflusse; daß also eine dynamische und wechselseitige Beziehung zwischen Einstellung und Verhalten bestehe.

[6] Randall (1990) faßt sieben Studien zusammen und findet eine unkorrigierte mittlere Korrelation von r=.15.

[7] Die fragliche Grundlage der Skala zum fortsetzungsbezogenen Commitment wurde bereits in Kapitel 1 besprochen.

affektive Commitment (ebenfalls) stärker zu erfassen erlauben, dann müßte sich eine entsprechende "diskriminante Validität" auch für die beiden Teilskalen des OCQ finden lassen. Als eine entsprechende Überprüfung kann die Untersuchung von Mayer

Tabelle 2: *Zusammenhänge von zwei Commitmentvarianten mit Arbeitszufriedenheit und Leistung (Meyer et al., 1989, S.154)*

	fortsetzungsbezogenes Commitment	affektives Commitment
Arbeitszufriedenheit	.27*	.58**
allgemeine Leistungsbeurteilung	-.27*	.25*
Potentialbeurteilung	-.42**	.24*

Anmerkungen: N=61. * p<.05. ** p<.01.

und Schoorman (1992) betrachtet werden. Da diese Autoren zudem eine Erklärung hierfür anbieten, sollen deren Überlegungen etwas ausführlicher dargestellt werden.

Mayer und Schoorman (1992) greifen auf einen Gedanken von March und Simon (1958) zurück, demzufolge Mitarbeiter kontinuierlich zwei Arten von Entscheidungen treffen, nämlich zum einen zu *partizipieren* und zum anderen zu *produzieren* bzw. Leistungen zu erbringen. Die Annahme von March und Simon (1958) lautete nun, daß diese beiden Entscheidungen Ergebnisse unterschiedlicher Abwägungen und Prozesse sind: die Erwägungen, die zu einer Entscheidung zur Partizipation führen, gründen auf einer *Austausch*sichtweise des Verhältnisses von Individuum und Organisation, also auf einem Vergleich, der durch die Organisation angebotenen Anreize und dem für eine Aufrechterhaltung der Mitgliedschaft zu erbringenden Beitrag. Demgegenüber hängt die Entscheidung, produktiv sein zu wollen, von der Intensität ab, mit der sich Mitarbeiter mit den Zielen und Werten der Organisation identifizieren (Mayer & Schoorman, 1992). Erwartungsgemäß waren in der Untersuchung von Mayer und Schoorman (1992) das fortsetzungsbezogene Commitment stärker mit Fluktuation (negativ), das wertbezogene Commitment stärker mit der Leistung korreliert.

Eine weitere Erklärung des in aller Regel geringen Zusammenhangs zwischen Commitment und Leistung wird durch das Ergebnis von Cohen (1991) nahegelegt. Cohen (1991) fand, daß mit längerer Organisationszugehörigkeit der Zusammenhang zwischen Commitment und Fluktuation *abnahm*, der Zusammenhang zwischen Commitment und Leistung aber *zunahm*. Cohen (1991) erklärt letzteren Effekt damit, daß in den ersten Berufsjahren Mitarbeitern mit hohem Commitment die *Erfahrung* fehle, um das Commitment in höhere Leistung umzusetzen. Da aber Untersuchungen zum Commitment oft bei jüngeren Mitarbeitern durchgeführt werden, könnte somit die Bedeutung von Commitment für die Leistung unterschätzt werden.

Identifikation, Internalisation und Nachgeben. Die in diesem Kapitel vorgestellte Interpretation hebt darauf ab, daß Commitment den Charakter einer "Haltung" oder "Einstellung" hat. Warum ändern Organisationsmitglieder ihre Einstellungen zu bzw. Meinungen gegenüber einer Organisation? Kelman (1961) unterscheidet Nachgeben (compliance), Identifikation und Internalisation. In Tabelle 3 werden die drei Prozesse, durch die Einstellungsänderung zustande kommen kann, anhand von jeweils drei Bedingungen und Konsequenzen charakterisiert.

Tabelle 3: *Drei Prozesse der Einstellungsänderung (nach Kelman, 1961)*

	Nachgeben	Identifikation	Internalisation
Bedingungen: Grundlage der Bedeutung des "Angriffs"	sozialer Effekt des Verhaltens	soziale Verankerung des Verhaltens	Wertkongruenz des Verhaltens
Machtquelle des beeinflussenden Agenten	Kontrolle über Mittel	Attraktivität[a]	Glaubwürdigkeit
Art, wie die Durchsetzung der beabsichtigten Reaktion erreicht wird	Beschränkung des Wahlverhaltens	Aufzeigen von Rollenanforderungen	Reorganisation des Rahmens, in dem Mittel und Ziele verknüpft sind
Konsequenzen: Bedingungen, unter denen die beabsichtigte Reaktion gezeigt wird	Kontrolle durch den beeinflussenden Agenten	Salienz der Beziehung mit dem Agenten	Relevanz eigener Werte für den Sachverhalt
Bedingungen der Veränderung und Auslöschung der beabsichtigten Reaktion	Veränderte Wahrnehmung der Bedingungen für soziale Belohnungen	Veränderte Wahrnehmung der Bedingungen für befriedigende selbstdefinierende Beziehungen	Veränderte Wahrnehmung der Bedingungen der Wertmaximierung
Art von Verhaltenssystem, in das die beabsichtigte Reaktion eingebettet ist	Externe Anforderungen einer spezifischen Umgebung	Erwartungen, die eine spezifische Rolle definieren	Das Wertsystem der Person

Anmerkung: [a]Mit "Attraktivität" ist nach Kelman (1961) gemeint, daß das Individuum Zufriedenheit aus einer Definition der eigenen Person mit Bezug auf den Agenten gewinnen kann.

Nachgeben bedeutet, daß Einstellungen oder Verhaltensweisen dann eingenommen bzw. gezeigt werden, wenn damit bestimmte Belohnungen erhalten oder Bestrafungen vermieden werden können. Identifikation steht dafür, daß durch die Übernahme bzw. Einnahme von bestimmten Einstellungen oder Verhaltensweisen eine befriedigende, selbstdefinierende Beziehung mit anderen Personen oder Gruppen von Personen stattfinden kann. Internalisation meint demgegenüber, daß Einstellungen übernommen bzw. Verhaltensweisen gezeigt werden, weil die *Inhalte* von Einstellungen oder Verhaltensweisen in Übereinstimmung stehen mit dem Wertesystem des Individuums. Die Unterscheidung von Bedingungen und Konsequenzen verschiedener Arten der Beeinflussung von Einstellungen wurde in den 80er Jahren zur Operationalisierung verschiedener Arten von Commitment herangezogen.

O'Reilly und Chatman (1986) interpretieren die drei von Kelman (1958, 1961) unterschiedenen Aspekte als (a) Nachgeben oder Austausch, (b) Identifikation oder Affiliation und (c) Internalisation oder Wertkongruenz. Diese Autoren entwickelten drei entsprechende Skalen, welche die drei unterschiedlichen Basen von Commitment operationalisieren, und fanden, daß Internalisation und Identifikation mit prosozialem Verhalten positiv korreliert waren, nicht aber Nachgeben. Ein analoges Muster zeigte sich (sinngemäß) für Fluktuationsabsicht und tatsächliche Fluktuation. Allerdings hatten bereits O'Reilly und Chatman (1986) Probleme, Internalisation und Identifikation empirisch unterscheiden zu können. Dies bestätigt sich dann in Caldwell, Chatman und O'Reilly (1990), die diese beiden Aspekte zu *normativem* Commitment zusammenfassen und von *instrumentellem* Commitment unterscheiden. Caldwell et al. (1990) fanden, daß Unternehmen, die über differenzierte Personalauswahl- und Sozialisationsmethoden verfügen und ein organisationales Wertesystem besitzen, sich durch höheres normatives Commitment auszeichnen. Mitarbeiter von Unternehmen, deren Unternehmenspolitik auf einem ausgesprochenen Belohnungssystem basiert (klare Belohnungen und Karrierewege), wiesen höheres instrumentelles Commitment auf.

Eine alternative Unterscheidung verschiedener Formen von organisationalem Commitment nehmen Allen und Meyer (1990b) vor: affektives, fortsetzungsbezogenes und normatives Commitment. Diese drei Formen stehen dafür, daß Personen in einer Organisation bleiben, weil sie *wollen*, weil sie *müssen* oder weil sie sich *verpflichtet fühlen*. Fortsetzungsbezogenes Commitment wird auch als "kostenbezogenes Commitment" bezeichnet. Insbesondere fortsetzungsbezogenes und affektives Commitment ließen sich empirisch klar unterscheiden. Meyer, Allen und Smith (1993) konnten ebenfalls Belege für die Unterscheidbarkeit dieser drei Komponenten von Commitment finden. Normatives und affektives Commitment waren (erneut) positiv korreliert, fortsetzungsbezogenes und affektives Commitment hingegen negativ. Bemerkenswert ist allerdings auch der *positive* Zusammenhang von normativem und fortsetzungsbezogenem Commitment.

Schließlich sei noch die Unterscheidung von emotionalem und moralischem Commitment (Stengel, 1987) erwähnt. Hierzu ein Beispiel: Ein Unternehmer oder ein Arbeitnehmer, die meinen, aus Sorge um "ihr" Unternehmen auf den Urlaub verzichten zu müssen, zeigen Commitment, indem sie auf eine Verhaltensoption verzichten. Hierbei, so kann man nun zwar sagen, handelt es sich um eine emotionale Bindung; denkbar ist aber auch, daß das Verhalten Ergebnis eines moralischen Gefühls, einer moralischen Verpflichtung ist. In beiden Fällen handelt es sich um Gefühle des "Gebunden-Seins". Wie aber unterscheiden sich diese beiden Varianten? Emotionale Bindung ist ein Gefühl aufgrund der Wahrnehmung eines positiven Wertes: Man empfindet ein positives Gefühl aufgrund einer positiven Eigenschaft, identifiziert sich z.B. mit den Produkten, dem Führungsstil usw. der Organisation. Moralisches Commitment ist demgegenüber Ausdruck eines positiven Gefühls angesichts von Schwierigkeiten, Widrigkeiten oder zu erbringenden Opfern, am besten wohl mit "Loyalität" zu kennzeichnen. Commitment kann also sowohl aus emotionaler Bindung als auch aus Verpflichtung (und zwar aus intellektueller Überzeugung) entstehen (Stengel, 1987). Im folgenden werden emotionales und affektives Commitment einerseits bzw. moralisches und normatives Commitment (sensu Allen & Meyer, 1990b) andererseits synonym behandelt.

Bereits in den vorangehenden Kapiteln wurden zum Zweck der Übersichtsgewinnung verschiedene Varianten von Commitment gegenübergestellt. Dies soll an dieser Stelle abermals getan werden (Tabelle 4). Versuchen wir, die vorstehenden Überlegungen zu den Facetten von Commitment zusammenzufassen. Gemeinsamer Nenner aller Auffassungen ist, daß Commitment in Organisationen dazu führt bzw. dafür steht, daß Organisationsmitglieder in der Organisation bleiben. Damit ist auch erklärt, warum aus praktischer Sicht ein Interesse daran besteht zu verstehen, was Commitment ist und wie es zustande kommt: Organisationsmitglieder müssen partizipieren und produzieren, und zumindest für die Partizipation scheint Commitment relevant zu sein.

Zugleich aber unterscheiden sich die angeführten Arten von Commitment erheblich. In Tabelle 4 wurde versucht, dies durch die angegebenen "motivationalen Grundlagen" zu verdeutlichen, wobei "motivational" aber nicht nur im Sinne von "aktivierend" verstanden werden sollte. Es sei nochmals daran erinnert, daß sich nicht zuletzt der konzeptuelle Status von Commitment unterscheidet. Im Falle des strukturellen Commitments ist z.B. konsistentes Verhalten *Bestandteil*, im Falle sozialpsychologischen Commitments antezedente Bedingung und beim organisationalen Commitment Explanandum von Commitment. Außerdem verdeutlicht diese Übersicht, daß verschiedene Autoren das gleiche Wort für unterschiedliche Sachverhalte verwendet haben. So bedeutet "strukturelles Commitment" bei Becker (1960) etwas anderes als bei Meyer und Allen (1984), und "normatives Commitment" wird von Allen und Meyer (1990b) in einem anderen Sinne verwendet als von Caldwell et al. (1990). Schließlich wurde auch das austausch- bzw. wertbezogene Commitment mit

in Tabelle 4 aufgenommen, obwohl bereits erwähnt wurde, daß für das zugrunde-
liegende Phänomen der Begriff "Commitment", der ja gerade über Austausch-
erwägungen hinausgeht, nicht angemessen ist.

Tabelle 4: *Zur Unterscheidung verschiedener Varianten von Commitment*

Arten von Commitment	"Motivationale Grundlage"
Strukturelles Commitment (Becker); fortsetzungsbezogenes Commitment (Stebbins)	Abwehren des Verlusts von Seitenwetten
Austauschbezogenes Commitment; wertbezogenes Commitment (Stebbins)	Kalkulierte Reziprozität
Affektives Commitment (Meyer & Allen, 1984); emotionales Commitment	Internalisation von Normen und Werten der Organisation
Strukturelles Commitment (Meyer & Allen, 1984)	Abwehren des Verlusts von Seitenwetten; fehlende Alternativen
Sozialpsychologisches Commitment (Kiesler)	Reaktion auf Attacken
Eskalierendes Commitment (Rubin & Brockner, Staw)	Rechtfertigung von Investitionen
Verhaltensbezogenes Commitment (Rusbult; Rubin & Brockner)	Tendenz, die Beziehung aufrechterhalten zu wollen
Organisationales Commitment (Mowday et al.); einstellungsbezogenes Commitment	Internalisation von Normen und Werten; Wunsch, der Organisation anzugehören; Anstrengungsbereitschaft
Normatives Commitment (Caldwell et al.)	Identifikation, Internalisation
Normatives Commitment (Allen & Meyer, 1990b); moralisches Commit-ment (Stengel)	Loyalität; empfundene Verpflichtung
Instrumentelles Commitment (Caldwell et al.)	Nachgeben (compliance)

Die in Tabelle 4 angeführten Arten von Commitment sollten deutlich machen, daß man bei der Zusammenfassung verschiedener Untersuchungen im Rahmen von Metaanalysen zumindest vorsichtig sein sollte. So unterschied Randall (1990) "moralisches" bzw. einstellungsbezogenes Commitment von kalkulativem Commit-ment, eine Unterscheidung, die sich ebenso als zu grob erweist wie diejenige von einstellungsbezogenem und kalkulativem Commitment durch Mathieu und Zajac (1990). Kalkulatives Commitment wird von Mathieu und Zajac (1990) über die Konzeption von Hrebiniak und Alutto (1972) operationalisiert, und zwar als "strukturelles Phänomen", als Resultat von Seitenwetten (!).

In Kapitel 5 wurde die These aufgestellt, daß sich die "Moral" von Mitarbeitern sowohl auf die Arbeitsgruppe als auch auf die Organisation beziehen kann. Demgegenüber wurde danach so getan, als ob es klar ist, was man meint, wenn man sagt, es bestehe Commitment gegenüber der *Organisation*. Neuerdings wurde genauer untersucht, worin denn nun der *Focus* von Commitment besteht. Anknüpfend an Reichers (1985, 1986) unterscheidet Becker (1992; vgl. auch Becker & Billings, 1993; Gregersen, 1993) die Organisation, das Topmanagement, den direkten Vorgesetzten und die Arbeitsgruppe als potentielle Foci von Commitment. Die bisherigen Untersuchungen zu dieser Frage haben bisher allerdings noch keine aufschlußreichen Ergebnisse erbracht, weshalb auch im weiteren davon ausgegangen wird, daß der Focus von Commitment die Organisation insgesamt ist.

6. Involvement

In diesem und dem nächsten Kapitel wird untersucht, wie organisationales Commitment von zwei verwandt klingenden Konzepten unterscheidbar ist, nämlich von Involvement und Arbeitszufriedenheit. Nach den Ausführungen in den vorstehenden Kapiteln mögen Bedenken bestehen, ob solche Abgrenzungen überhaupt sinnvoll sind, gibt es doch alleine schon eine Vielzahl an Operationalisierungen von Commitment. Zwar kann dieser Einwand zunächst relativiert werden, da die meisten Untersuchungen zum organisationalen Commitment mit der Skala von Mowday et al. (1982) durchgeführt wurden. Gerade aber das mit dieser Skala erfaßte "einstellungsbezogene" Commitment ist sowohl mit Arbeitszufriedenheit als auch mit "Job Involvement" hoch korreliert (Mathieu & Zajac, 1990).

Involvement kann definiert werden als das Ausmaß, in dem sich Menschen mit ihrer Arbeit identifizieren. Die Erfassung des Involvements ist von besonderem Interesse, da es als Bindeglied zwischen den Bedürfnissen des einzelnen und den Produktivitätsansprüchen durch das Unternehmen gelten kann. Involvement kann einerseits als Hinweis auf die *Qualität der Arbeit* interpretiert werden, andererseits ist es aber auch *Voraussetzung und Motivator* beruflicher Leistung. Beispielsweise wird für den Bereich der Forschung behauptet, daß der beste Weg zur Leistungssteigerung eine involvierende Tätigkeitsgestaltung sei (McKelvey & Sekaran, 1977).

Bereits in Kapitel 5 wurde vorgeschlagen, Involvement und Commitment wie folgt zu unterscheiden: Commitment ist auf die *Organisation* bezogen, Involvement aber auf die *Arbeit*. Diese Unterscheidung ist zunächst deshalb einsichtig, weil Commitment auch gegenüber anderen als *Arbeits*organisationen bestehen kann (z.B. gegenüber politischen Parteien). Und Involvement kann auch im Falle von Arbeit, die nicht in *Organisationen* stattfindet, untersucht werden, wie dies bei freiberuflich tätigen Personen der Fall sein kann (z.B. Schriftsteller, Schauspieler). Dennoch werden beide Konzepte in aller Regel. in Arbeitsorganisationen untersucht, was möglicherweise zur wenig klaren Unterscheidung beigetragen hat. Hinzu kommt, daß in der für die Commitmentforschung einflußreichen Untersuchung von Buchanan (1974) Involvement als ein Bestandteil von Commitment bezeichnet wurde. Und zur Begriffsverwirrung haben auch Porter et al. (1974) beigetragen, wenn sie organisationales Commitment definieren als Intensität der Identifikation mit und des *Involvements* in eine Organisation.

Im folgenden wird zunächst untersucht, was Involvement genauer bedeutet. Insbesondere wird eine Unterscheidung von *Job Involvement* und *Work Involvement* vorgenommen. Danach wird das Verhältnis von Involvement und Arbeitszufriedenheit untersucht. Diese Darstellungen bereiten Argumente für die Unterscheidbarkeit von Involvement und organisationalem Commitment vor.

Bis heute besteht Unklarheit, was mit "Involvement" im einzelnen gemeint ist. Die Erklärung hierfür ist in der klassischen Untersuchung von Lodahl und Kejner (1965) zu finden. Diese Studie war aus zwei Gründen wesentlich für die nachfolgende Forschung zum Involvement mit all ihren Unklarheiten verantwortlich. Zum einen wurden verschiedene Definitionen von Involvement vorgeschlagen und zum anderen stellten Lodahl und Kejner (1965) eine Skala vor, die vollständig oder in wechselnden Kurzformen in den nachfolgenden Jahrzehnten zum Einsatz kam. Wie relevant sind nun diese Definitionen, und welche davon sind in die Skalen eingegangen? Im folgenden soll gezeigt werden, daß zum Verständnis der Forschung zum Involvement vor allem die jeweiligen *Operationalisierungen* betrachtet werden müssen. Dabei wird gezeigt werden, daß "Work Involvement" und "Job Involvement" unterschieden werden sollten, in etwa übersetzbar mit "Arbeit als zentrales Lebensinteresse" bzw. "Anstrengungsbereitschaft". In den englischsprachigen Benennungen, die im folgenden auch beibehalten werden sollen, kommt ein erster wichtiger Aspekt zum Ausdruck, in dem sich diese beiden Involvement-Varianten unterscheiden. Involvement kann sich einerseits auf den Stellenwert der *Arbeit* (work) im Leben beziehen, andererseits aber auch auf den spezifischen *Arbeitsplatz* (job). So ist für Locke (1976) eine Person, die in ihre Arbeit involviert ist, jemand, der sie ernst nimmt, für den wichtige Wertvorstellungen in der Arbeit auf dem Spiel stehen, dessen Stimmungen und Gefühle in einem bedeutsamen Ausmaß von den Erlebnissen bei der Arbeit beeinflußt werden und der gedanklich nahezu ausschließlich mit der eigenen Arbeit befaßt ist. Daher ist eine Person, die stark in ihre Arbeit involviert ist, mit größerer Wahrscheinlichkeit extrem zufrieden *oder* extrem unzufrieden - und zwar abhängig vom Erfolg -, während eine weniger involvierte Person weniger intensiv reagiert (Locke, 1976). In der Ausführung von Locke werden also beide Aspekte angesprochen: eingangs geht es zunächst um Wertvorstellungen der Person, dann aber werden auch Vermutungen darüber angestellt, wie die Person von ihrer Arbeit berührt wird. Vermutet wird außerdem, daß Involvement ein Moderator des Zusammenhangs zwischen Arbeitsbedingungen und *Arbeitszufriedenheit* darstellt.

Betrachten wir weitere Untersuchungen, in denen das Konzept "Involvement" Gegenstand war. Dabei wird es darum gehen, was noch zu Involvement zählt, wie sich dieses Konstrukt von Arbeitszufriedenheit und intrinsischer Motivation abgrenzt und welche Korrelate es aufweist. Ausgangspunkt ist die bereits erwähnte Untersuchung von Lodahl und Kejner (1965). Lodahl und Kejner (1965) bieten vier verschiedene Definitionen an. Involvement wird umschrieben (1) als Ausmaß, in dem eine Person psychologisch mit ihrer Arbeit identifiziert wird oder die Arbeit Bedeutung für das gesamte Selbstbild hat, (2) als Internalisierung von Werten über die Wichtigkeit von Arbeit oder die Bedeutung von Arbeit für den Wert einer Person, (3) als Ausmaß, in dem die Arbeitsleistung der Person ihre Selbstwertschätzung beeinflußt oder (4) als Indikator dafür, daß für eine Person die Arbeit einen sehr bedeutsamen Teil im Leben darstellt und daß sie von ihrer gesamten Arbeitssituation persönlich sehr geprägt wird.

Conrad (1988) untersucht die Definitionen von Involvement (Conrad, 1988, verwendet die Bezeichnung "Einbindung") in der Untersuchung von Lodahl und Kejner (1965) und identifiziert eine aus insgesamt vier Komponenten bestehende Definition:

"1) die Intensitätdimension der psychologischen Identifikation mit der Arbeit, 2) die Rang- oder Zentralitätsdimension der Bedeutsamkeit von Arbeit, 3) die Dimension des Gütemaßstabes bezüglich der (geleisteten) Arbeit, 4) die Intensitätsdimension der Auswirkungen bewerteter Arbeitsleistung auf das Selbstwertempfinden des Organisationsmitgliedes" (1988, S.120).

Diese Heterogenität in den Definitionen spiegelt sich auch in den verwendeten Items wieder: Es geht darum, (1) wie wichtig einem die eigene Arbeit ist, (2) wie wichtig man Arbeit einschätzt, wenn es um die Beurteilung des Werts einer Person geht, (3) wie wichtig es für die Person ist, gute Arbeit zu leisten und (4) wie sehr man den Selbstwert aufgrund der Güte der erreichten Arbeitsergebnisse definiert.

Hier werden verschiedene Dinge angesprochen. Zunächst wird gefragt, in welchem Ausmaß man in der eigenen Arbeit "aufgeht". Dieser Aspekt ist vom zweiten insofern unterscheidbar, als es dort um den Stellenwert von Arbeit *an sich* geht, also z.B. unabhängig davon, auf welchen Arbeitsplatz sich dieses Involvement bezieht. In den letzten beiden Teilaspekten werden jeweils Güteaspekte angesprochen. Es scheint aber nachvollziehbar zu sein, daß diese verschiedenen Aspekte zumindest mäßig hoch korreliert sein dürften. Was mißt nun aber die Gesamtskala von Lodahl und Kejner (1965)? Betrachten wir hierzu einige exemplarische Ergebnisse.

Maurer (1968) fand, daß Involvement nach Lodahl und Kejner (1965) mit der Central-Life-Interest-Skala von Dubin (1956) korreliert ist. Bei dieser Skala geht es um die Frage, wo die Befragten ihr zentrales Lebensinteresse sehen (z.B. in der Arbeit oder an anderer Stelle). Ein ähnliches Ergebnis berichtet Saal (1978). Die Skala von Lodahl und Kejner (1965) korrelierte u.a. mit protestantischer Arbeitsethik, mit Arbeitszufriedenheit und mit Leistungsmotivation. Demgegenüber war die Skala mit Leistung praktisch unkorreliert (vgl. auch Siegel & Ruh, 1973).[1]

Eine weitere Bestätigung für die Heterogenität der Lodahl und Kejner-Skala liefern die faktorenanalytischen Untersuchungen von Saleh und Hosek (1976). Die Items ließen sich auf zwei Faktoren differenzieren. Ein Faktor wurde von Saleh und Hosek (1976) als *"zentrales Lebensinteresse"* bezeichnet. Den anderen Faktor nen-

---

[1] In Anbetracht der eingangs erwähnten Erwartung an Involvement mag dies zunächst überraschend klingen. Möglicherweise liegt dies daran, daß im allgemeinen *quantitative* Ergebnisse beurteilt wurden. Wird hingegen vor allem die *Qualität* der Leistung eingeschätzt, dann können sich durchaus positive Zusammenhänge ergeben (z.B. Hulin & Blood, 1968; Hackman & Lawler, 1971; Breaugh, 1981).

nen sie *"Bedeutung von Leistung"*, er enthält Items, die sich auf den spezifischen Arbeitsplatz beziehen.

Involvement kann heißen, daß der Person die Arbeit viel bedeutet oder daß es ihr wichtig ist, eine gute Leistung zu erbringen (Rabinowitz & Hall, 1977). Inwiefern handelt es sich hierbei um zwei unterscheidbare Variablen? Zunächst dürfte es nämlich plausibel sein, daß arbeitsbezogenes und leistungsbezogenes Involvement zusammenhängen: Da es ein zentrales Ziel der Teilnahme an Arbeitsorganisationen ist, Leistung zu erbringen, wird eine Person, der Arbeit viel bedeutet, sich stärker bemühen, Leistung zu erbringen, als eine Person, der Arbeit wenig bedeutet. Dennoch gibt es aber eine Reihe guter Gründe, diese beiden Konzepte zu unterscheiden. Ausgangspunkt ist die Annahme, daß das arbeitsbezogene Involvement auf *Arbeit an sich* bezogen ist, während das leistungsbezogene Involvement sich zunächst auf einen *bestimmten Arbeitsplatz* bezieht. Im folgenden wird das erstere Konzept als *Work Involvement*, das zweite als *Job Involvement* bezeichnet. Mit dieser Unterscheidung gehen nun die Annahmen einher, daß *Work Involvement* ein stabiles Merkmal ist, das überdauernde interindividuelle Unterschiede beschreibt, während *Job Involvement* situations- bzw. arbeitsplatzspezifisch ist. Das bedeutet, daß Job Involvement stärker als Work Involvement von ungünstigen bzw. günstigen Bedingungen am Arbeitsplatz abhängen wird und daß stärkere Zusammenhänge zwischen Arbeitszufriedenheit und Job Involvement als zwischen Arbeitszufriedenheit und Work Involvement zu finden sein werden (vgl. auch Kasten 5).

Job Involvement bezieht sich auf einen *bestimmten* Arbeitsplatz (Cook, Hepworth, Wall & Warr, 1981). Damit kann dieses Konstrukt von solchen Maßen unterschieden werden, die sich auf die *Arbeit als Ganzes* beziehen. (Als ein Beispiel wird hier die protestantische Arbeitsethik genannt.) Cook et al. (1981) meinen, daß es wohl am wahrscheinlichsten sei, daß die existierenden Involvement-Skalen zwei verschiedene Aspekte erfassen. Und sie schließen sich dem Fazit von Rabinowitz und Hall (1977) an, daß die Skala von Lodahl und Kejner (1965) zum einen eine stabile Werthaltung erfaßt und zum anderen eher situativ beeinflußte Einstellungen zur Arbeit bzw. zum spezifischen Arbeitsplatz.

Das eindeutigste Plädoyer für die Unterscheidung von Job Involvement und Work Involvement stammt von Kanungo (1982). Kanungo (1982) entwickelte zwei Skalen, die diese beiden Konzepte zu erfassen erlauben. Hypothesenkonform korrelierte Job Involvement deutlich höher als Work Involvement mit Arbeitszufriedenheit, und es zeigte sich, daß die Zusammenhänge zwischen Job Involvement und denjenigen Facetten der Arbeitszufriedenheit höher waren, die von den Befragten als bedeutsamer eingeschätzt wurden. Für Work Involvement gab es hingegen keine entsprechenden Korrelationsdifferenzen.[2] Das Ergebnis, daß Job Involvement und Arbeitszufrieden-

---

[2] Obwohl die Unterscheidung der verschiedenen Involvement-Varianten also schon seit längerer Zeit angemahnt worden war, wurde dies auch in den 80er Jahren oft nicht getan (z.B. Graddick & Farr, 1983; Mathieu & Farr, 1991).

heit höher korreliert sind als Work Involvement und Arbeitszufriedenheit, wurde von Misra et al. (1985) sowie Moser und Schuler (1993b) repliziert.[3]

Abschließend sei darauf hingewiesen, daß Work Involvement auch mit "Arbeit als zentrales Lebensinteresse" bezeichnet bzw. übersetzt wird. Hierfür spricht, daß Involvement und zentrales Lebensinteresse Gemeinsamkeiten aufweisen, da beide Varianten in einem gewissen Sinne "... als Ausdruck einer an der protestantischen Arbeitsethik orientierten Werthaltung interpretiert werden (können)" (Conrad, 1988, S.199). Allerdings ist die Bezeichnung "zentrales Lebensinteresse" insofern nicht sehr glücklich, als ursprünglich in diesem Konzept Situationspräferenzen erfaßt wurden (Dubin, 1956). Zwar geht es darum, daß der Stellenwert der Arbeitstätigkeit untersucht wird, im engeren Sinne wurde allerdings zentrales Lebensinteresse von Dubin definiert als Präferenz für einen bestimmten Ort oder eine bestimmte Situation, in der man eine Aktivität ausführen will.

Es wurde bereits ausgeführt, daß die Skala von Lodahl und Kejner (1965) aus mindestens zwei Faktoren besteht (vgl. bereits Schwyhart & Smith, 1972). Die Unterscheidung von Job und Work Involvement ist nun hilfreich, bisher inkonsistent erscheinende Forschungsergebnisse einzuordnen. So wurde bereits erläutert, daß Arbeitszufriedenheit vor allem mit dem ersten Aspekt ("Aufgehen in der Tätigkeit"), weniger aber mit dem Stellenwert von Arbeit (im Sinne. einer Werthaltung), korreliert ist.

Lawler und Hall (1970) definierten Involvement als Grad psychologischer Identifikation mit der eigenen Arbeit. Dies ist insofern nachvollziehbar, als nach Auffassung von Lawler und Hall (1970) die meisten der von Lodahl und Kejner (1965) verwendeten Items eher psychologische Identifikation mit der Arbeit als die Kontingenz des Selbstwertgefühls mit der Leistung ansprechen - was eine andere von Lodahl und Kejner (1965) angeführte Definition war.[4] Lawler und Hall (1970) konnten dann zeigen, daß sich Items zur Arbeitszufriedenheit, zum Involvement und zur intrinsischen Motivation faktorenanalytisch trennen ließen.

---

[3] Park (1983) unternahm in seiner Untersuchung keine psychometrische Itemanalyse, vermutet aber ebenfalls eine Differenzierbarkeit des Involvements in "Einstellung gegenüber der Arbeit im allgemeinen" und "Einstellung gegenüber der jetzigen Arbeit". Plausibel wird diese Differenzierung dadurch, daß im Vergleich deutscher und koreanischer Arbeitnehmer die deutschen konsistent geringere Werte bei den entsprechenden Items bei ersterem, aber höhere Werte bei letzterem Einstellungsaspekt haben. Setzt man mit Park (1983) Arbeitsethik mit dem erstgenannten Involvementaspekt gleich, was nach unserer Terminologie der "Arbeit als zentraler Lebensaufgabe" bzw. "Work Involvement" entspräche, dann scheinen die von ihm untersuchten koreanischen Arbeitnehmer eine stärker ausgeprägte "protestantische Ethik" bzw. "konfuzianische Ethik" (Park, 1983) zu haben.

[4] Letztere soll hingegen zur intrinsischen Motivation gezählt werden (Lawler, 1969).

Kasten 5: Intensives Involvement: Ein Flowerlebnis?

> Job Involvement wurde mit „Anstrengungsbereitschaft" übersetzt, es meint aber eigentlich mehr: Die Begeisterung, sich mit herausfordernden Aufgaben zu befassen, dabei in der Tätigkeit aufzugehen, ein Gefühl für die Zeit, die vergangen ist, zu verlieren. Damit deutet sich an, daß intensives Involvement Flowerlebnissen, wie sie von Chikzentmihalyi (1985) beschrieben werden, nahekommt. Im folgenden wird wiedergegeben, wie *Chirurgen* solche Erlebnisse beschreiben:
>
> „Die persönliche Belohnung ist am größten bei anforderungsreichen Fällen, wo man sein Selbst expandiert und mehr denkt.
>
> Ich erlebe eine intellektuelle Freude – wie der Schachspieler oder der Forscher, welcher alte mesopotamische Zahnstücke untersucht ... Die Berufstätigkeit macht Freude – wie etwa das Schreinern in sich selber Vergnügen bereitet ... Die Befriedigung, ein äußerst schwieriges Problem anzugehen und zu lösen.
>
> Ich habe Vergnügen an einer Ökonomie der Bewegungen und versuche, die Operation so gut durchdacht und geplant wie möglich durchzuführen.
>
> Es ist sehr gut; viel Vergnügen ist dabei und Befriedigung. Es geht gut, wenn die Stiche richtig sitzen, wenn die Blutungen nicht zu groß werden, und wenn die Gruppe problemlos zusammenarbeitet ... es läuft dann in einer ästhetisch ansprechenden Weise.
>
> Es macht Freude und fordert einen heraus, eine Diagnose zu stellen und dann zu operieren ... Ich ... führe ziemlich gewöhnliche Operationen aus – ich mache mir eigentlich nichts daraus, ob es eine schwierige oder eine Routineoperation ist – ich habe an beidem Freude, aber es macht natürlich Spaß, einen ungewöhnlichen und schwierigen Fall zu lösen.
>
> Es ist sehr befriedigend, und wenn es auch etwas schwierig ist, so bringt es doch Anregung. Es gefällt mir sehr, Dinge wieder „in Gang zu bringen", sie wieder an den richtigen Ort zu versetzen, so daß die Sache wieder paßt und aussieht, wie sie aussehen sollte. Dies gefällt mir sehr, besonders wenn die Gruppe gut und effizient zusammenarbeitet: Dann ist die ganze Sache auch ästhetisch befriedigend" (Chikzentmihalyi, 1985, S.166).

Obwohl also nach Lawler und Hall (1970) Arbeitszufriedenheit und Involvement empirisch unterscheidbar waren, werden auch neuerdings Zweifel hieran angemeldet. Daher sei ergänzend bemerkt, daß sich sogar dieser Zusammenhang mit Arbeitszufriedenheit weiter spezifizieren läßt. Es müßte nämlich vor allem die Tätigkeit *an sich* sein, die für involvierte Personen befriedigend wirkt, weniger aber die Umgebungsbedingungen der Tätigkeit. Tatsächlich zeigten Weissenberg und Gruenfeld

(1968), daß "Job Involvement" stärker mit der Zufriedenheit mit *Motivatoren* als mit der Zufriedenheit mit *Hygienefaktoren* korreliert ist.[5]

Mortimer und Lorence (1989) unterscheiden Zufriedenheit und Involvement wie folgt: Zufriedenheit bedeutet eine positive Bewertung von etwas, ein positiver Affekt, der aus dem Erhalt von Belohnungen resultiert. Involvement in eine Aktivität ist nach Mortimer und Lorence (1989) hingegen dadurch definiert, daß die betreffende Person die Aktivität als zentral, bedeutend und wichtig sieht. Auf die Aktivität "Arbeit" bezogen, entspricht dies obiger Definition von Work Involvement. Mortimer und Lorence (1989) finden in ihrer Längsschnittstudie, daß die Arbeitszufriedenheit das (Work) Involvement beeinflußte. Zudem ergab sich auch eine indirekte Rückwirkung von Involvement auf Arbeitszufriedenheit, welche über die Autonomie bei der Arbeit vermittelt wird: Involvierte Personen berichten, mehr Ermessensspielräume zu haben, was wiederum zu höherer Arbeitszufriedenheit führt.

"Job Involvement" wird von Kanungo, Misra und Dayal (1975) als relativ stabiles Merkmal von Personen verstanden. Insofern läßt sich dieses Konzept auch von Arbeitszufriedenheit abgrenzen. Arbeitszufriedenheit wird dadurch bestimmt, daß die Bedürfnisse des Mitarbeiters befriedigt werden, wobei diese Bedürfnisse durchaus variieren können. Arbeitszufriedenheit ist auch ein weniger stabiler bzw. ein vorübergehender Zustand (vgl. unten). So ist es also insgesamt möglich, daß ein Mitarbeiter gleichzeitig sehr zufrieden aber wenig involviert oder wenig zufrieden aber hoch involviert sein kann. Jedenfalls aber dürfte der Zusammenhang zwischen Involvement und Arbeitszufriedenheit allenfalls minimal sein (Kanungo et al., 1975, S.50). Kanungo (1979) plädiert dafür, Involvement als kognitiven Zustand von Identität zu konzeptualisieren und nicht als psychologischen Zustand, der notwendigerweise mit Zufriedenheits- oder Unzufriedenheitsgefühlen verknüpft ist. Dies würde dann zugleich bedeuten, daß Involvement sowohl mit positiven als auch mit neutralen oder negativen emotionalen Zuständen einhergehen kann.

Wie läßt sich nun zusammenfassend Arbeitszufriedenheit von Job Involvement und Work Involvement unterscheiden? Während Work Involvement als Werthaltung gegenüber der Arbeit an sich bezeichnet werden kann, beziehen sich sowohl Job Involvement als auch Arbeitszufriedenheit auf den *spezifischen* Arbeitsplatz. Arbeitszufriedenheit ist eher ein emotionaler als ein kognitiver Zustand. So unterscheiden Brooke, Russell und Price (1988) mit Bezugnahme auf Kanungo (1982) Arbeitszufriedenheit als "emotionales Mögen der eigenen Arbeit" von Job Involvement als "kognitive Überzeugung einer psychologischen Identifikation mit der eigenen Arbeit" (1988, S.139). Job Involvement ist der Arbeitszufriedenheit näher als Work Involvement. Work Involvement ist als Werthaltung vergleichsweise stabiler als Job Involvement. Diese Unterscheidung ist nun auch deshalb bemerkenswert, weil damit

---

[5] Motivatoren sind die Aspekte, welche die *Arbeit an sich* betreffen; während sich die Hygienefaktoren auf die Umfeldbedingungen der Arbeit beziehen (Herzberg, Mausner & Snyderman, 1959).

ein Vorschlag begründet werden kann, Involvement sowohl als stabil als auch als änderungssensitiv verstehen zu können.

Eine Erwartung an Arbeitsgestaltungsmaßnahmen besteht darin, daß diese dazu führen, daß die betroffenen Mitarbeiter ihre Arbeit als involvierender erleben. Hall, Goodale, Rabinowitz und Morgan (1978) untersuchten, inwiefern sich das Job Involvement als Konsequenz einer Veränderung von Arbeitsplatz und Abteilung verändert und fanden, daß Job Involvement sich als besseres, das heißt sensitiveres Maß als Arbeitszufriedenheit erwies. Im Feldexperiment von Orpen (1979) war die Skala von Lodahl und Kejner (1965) geeignet, die Wirkung eines Job-Enrichment-Programms nachzuweisen. Ein anderes Bild ergab sich in der Untersuchung von Lawler, Hackman und Kaufman (1973). Aufgabenvielfalt und Entscheidungsautonomie wurden erhöht, aber die Skala von Lodahl und Kejner (1965) war nicht geeignet, diese eigentlich "involvierenden" Veränderungen am Arbeitsplatz abzubilden. Es könnte nun angenommen werden, daß u.a. die *Heterogenität der Skala* dies erklären könnte: die wenig änderungssensitiven Aspekte von *Work Involvement* verdecken die tatsächlich eingetretenen Veränderungen. Moser und Schuler (1993a) konnten diese Annahme bestätigen. In ihrer Untersuchung zeigte sich zwar erwartungsgemäß eine Abnahme von Job und Work Involvement nach der Verschlechterung der Arbeitssituation, das Job Involvement hatte sich allerdings stärker verändert als das Work Involvement; auf eine Verschlechterung der Arbeitssituation wird eher mit einer Veränderung des Job Involvements als des Work Involvements reagiert. Damit ergibt sich das Fazit, sowohl bei der Evaluation der Veränderung von Arbeitsplätzen als auch bei der Bewertung subjektiver Arbeitssituationen zu bedenken, daß änderungssensitive Skalen verwendet werden und Job Involvement eher als Work Involvement geeignet sein dürfte, vermutete Änderungen zu erfassen.

Die bisher entwickelte Annahme lautet, daß sich (Job) Involvement ändert, aber andererseits (Work) Involvement im Sinne. einer Werthaltung stabil ist. Allerdings muß diese Annahme qualifiziert werden. Hinsichtlich der *langfristigen* Bedingungen und Konsequenzen von Work Involvement formulieren Lorence und Mortimer (1981) eine *Sozialisationshypothese* und eine *Selektionshypothese*. Die Sozialisationshypothese besagt, daß bestimmte Erfahrungen bei der Arbeit das Involvement beeinflussen. Die Selektionshypothese lautet, daß die mehr oder weniger hohe Bedeutung, die Arbeit bereits *vor* dem Eintritt in das Berufsleben hat, dazu führt, daß Personen mit unterschiedlichen Erfahrungen bei ihrer Arbeit konfrontiert werden. Prinzipiell gehen die beiden Hypothesen von gegenläufigen Annahmen aus: Die Selektionshypothese beruht auf der Stabilität, die Sozialisationshypothese auf der Veränderbarkeit von Work Involvement. Lorence und Mortimer (1981) fanden zum einen eine beachtliche Stabilität von Work Involvement über eine Dauer von 10 Jahren hinweg, zugleich aber auch einen hohen Zusammenhang zwischen Autonomie bei der Arbeit und Work Involvement, wobei zunehmende Autonomie mehr Involvement bewirkte. Lorence und Mortimer (1981) kommen daher zum Ergebnis, daß

Arbeitsgestaltungsmaßnahmen, die Freiräume erhöhen und Herausforderungen darstellen, ein Mechanismus sein könnten, um das Work Involvement zu fördern. Auch andere Autoren vermuten, daß sich das Work Involvement längerfristig verändern kann. So nimmt z.B. nach Slocum und Cron (1985) das (Work) Involvement über verschiedene Karrierephasen hinweg zu.

Verschiedene Autoren postulierten, daß es alters- bzw. karrierephasenabhängige Unterschiede in der Stabilität und insbesondere den Determinanten von Involvement gebe (z.B. Rabinowitz & Hall, 1981; Rhodes, 1983; Lorence & Mortimer, 1985). Lorence und Mortimer (1985) fanden, daß das Involvement im 4-Jahres-Abstand nur eine relativ geringe Stabilität aufwies. Wurde allerdings die Stichprobe in drei Altersphasen aufgeteilt (19-29; 30-44; 45 und älter), dann zeigte sich, daß es in der jüngsten Altersgruppe zwischen dem Involvement zu den beiden Untersuchungszeitpunkten keinen signifikanten Zusammenhang gab. Demgegenüber war die Stabilität in den beiden anderen Altersgruppen deutlich höher. Dies läßt sich vermutlich darauf zurückführen, daß jüngere Mitarbeiter eher auf Bedingungen ihrer Arbeitsumgebung mit Veränderungen der Werthaltungen reagieren, wobei sich diese Bedingungen auch stärker ändern. So fanden Lorence und Mortimer (1985), daß für die jüngste Altersgruppe ein viel stärkerer Zusammenhang zwischen der erlebten Autonomie und dem Involvement besteht als für die anderen beiden Altersgruppen.

Nach Lodahl und Kejner (1965) ist Involvement durch *frühe Sozialisationsprozesse* determiniert, während derer sich beispielsweise eine protestantische Arbeitsethik entwickelt hat. Demgegenüber sind z.B. Lawler und Hall (1970) der Auffassung, daß Involvement eher aus der *gegenwärtigen* Wahrnehmung des Arbeitsplatzes und seiner bedürfnisbefriedigenden Potentiale resultiert. Das Fazit dieses Kapitels lautet, daß *beide* Annahmen zutreffen, für Work Involvement gilt erstere, für Job Involvement letztere, wobei sich allerdings auch Work Involvement in einem gewissen Umfang - längerfristig - verändern kann.

In diesem Kapitel wurde ein Vielfalt von Ergebnissen und Thesen zum Konstrukt "Involvement" vorgestellt und insbesondere wurde davon ausgegangen, daß die Unterscheidung von Work Involvement und Job Involvement die Befundlage ordnen und neue Hypothesen abzuleiten hilft. Abschließend werden nun die Annahmen und Befunde zu Work Involvement und Job Involvement nochmals zusammenfassend dargestellt (Tabelle 5).

Tabelle 5: *Vergleich von Work Involvement und Job Involvement*

	Work Involvement	Job Involvement
Umschreibung	Arbeit als zentrales Lebensinteresse	Anstrengungsbereitschaft
Focus	Stellenwert von Arbeit	Bewertung des spezifischen Arbeitsplatzes
wichtige Korrelate	Protestantische Arbeitsethik, Leistungsmotivation	Arbeitszufriedenheit
Stabilität	zeitlich (relativ) stabile Werthaltung	situationsspezifische, änderungssensitive Einstellung

7. Commitment, Involvement und Arbeitszufriedenheit

Bis zu dieser Stelle wurden bereits mehrfach begriffliche Unterscheidungskriterien für Arbeitszufriedenheit, Involvement und organisationales Commitment aufgezeigt. Zugleich ergaben sich in zahlreichen Untersuchungen relativ hohe Korrelationen zwischen diesen drei Variablen. In diesem Kapitel sollen die drei Konzepte nun im Überblick voneinander abgegrenzt werden.

Commitment und Involvement. Der Forderung, Involvement und Commitment zu unterscheiden, stehen zunächst die hohen Zusammenhänge zwischen diesen beiden Konstrukten entgegen. So fanden bereits Dubin, Champoux und Porter (1975), daß "zentrales Lebensinteresse" und organisationales Commitment deutliche Zusammenhänge aufwiesen, für Buchanan (1974) war Involvement ein Bestandteil von Commitment und für Gould und Werbel (1983) ist "Work Involvement" ein Oberbegriff für Job Involvement und organisationale Identifikation.

Neben Dubin et al. (1975) untersuchte auch Kidron (1978) den Zusammenhang zwischen zentralem Lebensinteresse und organisationalem Commitment. Die Ausgangsüberlegung lautete, daß Personen, deren zentrales Lebensinteresse auf die Arbeit bezogen ist, auch höheres Commitment gegenüber ihrer Arbeitsorganisation aufweisen, denn die Organisation hat instrumentellen Charakter zur Verwirklichung der entsprechenden Wertvorstellung.[1] Kidron (1978) nahm zudem eine Unterscheidung von kalkulativem und moralischem Commitment vor. Die Protestantische Arbeitsethik wiederum wird von ihm als konzeptionell der "Arbeit als zentrales Lebensinteresse" nahestehend bezeichnet. Kidron (1978) fand, daß die Protestantische Arbeitsethik stärker mit dem moralischen als dem kalkulativen Commitment korreliert. Damit konnten die Ergebnisse von Dublin et al. (1975) im wesentlichen repliziert werden.

In Anbetracht der hohen Korrelation zwischen Involvement und Commitment stellt sich die Frage, ob diese beiden Skalen nicht mehr oder weniger das gleiche messen.[2] Aus konzeptioneller Sicht ist es zunächst erklärbar, *daß* ein Zusammenhang besteht: Wer eine stärkere Bindung an das Unternehmen empfindet, ist auch bereit, sich mehr für seine Arbeit anzustrengen und vice versa. Andererseits müßten sich in zwei Aspekten Unterschiede zeigen, nämlich zum einen in der *differentiellen* Prognostizierbarkeit von Verhalten, in dem sich die *Bindung* an das Unternehmen aus-

---

[1] An dieser Stelle ist überlegenswert, ob es tatsächlich von anderen Personen bestimmter Arbeitsorganisationen bedarf, um ein Höchstmaß an Instrumentalität zu erreichen, oder ob es nicht der Besitz eines *eigenen* Unternehmens ist, was diesem Ziel am nächsten kommt (vgl. Thompson, Kopelman & Schriesheim, 1992).

[2] Mathieu und Zajac (1990) ermittelten in einer quantitativen Zusammenfassung der vorliegenden Studien eine mittlere Korrelation zwischen Commitment und „Job Involvement" von r=.439.

drückt (vgl. auch Moser, 1992), und zum anderen in der unterschiedlichen Relevanz von *tätigkeitsbezogenen Werten*.

Wiener und Vardi (1980) untersuchten Korrelate von "Job Commitment" und organisationalem Commitment. Job Commitment wurde über die Involvement-Skala von Lohdal und Kejner (1965) ermittelt und organisationales Commitment durch vier Items, die Fluktuationsbereitschaft erfaßten, sowie drei Items, die auf die "positive" Einstellung zur Organisation abzielten (Loyalität, Opferbereitschaft, Verzicht auf Kritik). Als abhängige Variablen wurden Anstrengung durch die geschätzte Zahl von Arbeitsstunden in einer typischen Woche und Bindung (attachment) durch die subjektive Wahrscheinlichkeit, in absehbarer Zeit in der Organisation zu bleiben, erfaßt. Job Commitment (also Involvement) war stärker mit Anstrengung, organisationales Commitment stärker mit Bindung korreliert.

In der Untersuchung von Lee und Mowday (1987) fanden sich hohe Zusammenhänge zwischen Involvement, Commitment und Arbeitszufriedenheit. Interessant sind nun aber die Zusammenhänge mit erfüllten Erwartungen sowie den Fluktuationsaspekten. Die Zusammenhänge zwischen Arbeitszufriedenheit, Involvement, Commitment, enttäuschten Erwartungen und Fluktuation bzw. Fluktuationsneigung sind in Tabelle 6 wiedergegeben.

Tabelle 6: *Zusammenhänge zwischen den Variablen erfüllte Erwartungen, Commitment, Arbeitszufriedenheit, Involvement, Absicht, die Organisation zu verlassen und Verlassen der Organisation (nach Lee & Mowday, 1987, S.734)*

	(2)	(3)	(4)	(5)	(6)
(1) Erfüllte Erwartungen	.33	.47	.18	-.27	.04
(2) Commitment		.70	.61	-.35	-.10
(3) Arbeitszufriedenheit			.46	-.44	-.16
(4) Involvement				-.22	-.10
(5) Absicht, die Organisation zu verlassen					.24
(6) Verlassen der Organisation					

Anmerkungen: N=445. Korrelationen $\leq .09$ sind signifikant (p<.05).

Ähnlich fanden auch Rosin und Korabik (1991), daß Arbeitszufriedenheit und Commitment in engerem Zusammenhang mit der Fluktuationsneigung stehen als Involvement. Zudem erwies sich das Ausmaß der erfüllten Erwartungen mit Arbeitszufriedenheit, Commitment und Fluktuationsneigung in sehr viel höherem Maße korreliert als mit Involvement.

Zusammenfassend läßt sich also annehmen, daß zwar Involvement (in beiden Facetten) mit Commitment korreliert ist, daß sich aber Zusammenhangsunterschiede zu dritten Variablen ergeben: Commitment ist eine "fluktuationsnahe" Variable, Involvement ein "tätigkeitsnahes" und "anstrengungsbezogenes" Konstrukt. Diese Überlegungen wurden von Moser und Schuler (1993b) überprüft (vgl. Tabelle 7).

Tabelle 7: *Korrelate verschiedener Involvementvarianten (nach Moser & Schuler, 1993b)*

	(2)	(3)	(4)	(5)	(6)	(7)
Involvement (1)	.73	.92	.48	-.29	-.10	-.12
Job Involvement (2)		.39	.41	-.34	-.20	-.14
Work Involvement (3)			.40	-.19	-.02	-.09
Commitment (4)				-.50	-.16	-.36
Arbeitszufriedenheit (5)					.30	.37
Lebenszufriedenheit (6)						.07
Arbeitsplatz gesucht (7)						

Anmerkungen: Skalen 1-4: geringe Werte entsprechen positiver Ausprägung; Skalen 5 und 6: hohe Werte entsprechen positiver Ausprägung; Arbeitsplatz gesucht: 1 = "ja"; 2 = "nein". 789<N<811. Alle Korrelationen sind signifikant (p<.01).

Erwartungsgemäß zeigen sich hohe Zusammenhänge zwischen Involvement und Commitment sowie Arbeitszufriedenheit. Der Zusammenhang zwischen Involvement und der Fluktuationsneigung, gemessen als Frage danach, ob der oder die Befragte in letzter Zeit einen anderen Arbeitsplatz gesucht habe, ist zwar statistisch signifikant, Commitment und Arbeitszufriedenheit können aber die Fluktuationsneigung deutlich besser erklären.[3]

Moser und Schuler (1993b) stellten insgesamt drei Fragen, die sich mit der Bindung an das Unternehmen befassen: ob in letzter Zeit ein anderer Arbeitsplatz gesucht wurde, wie wahrscheinlich ein Standortwechsel innerhalb des Unternehmens sei und ob sich der oder die Befragte im Konfliktfall eher für einen Standortwechsel oder einen Unternehmenswechsel entscheiden würde. In allen drei Fällen kann angenommen werden, daß das Involvement dieses Verhalten *weniger* gut verherzusagen

---

[3] Zur Abgrenzung von Involvement und *Arbeitszufriedenheit* sei angemerkt, daß das Involvement stärker selbstbildbezogen ausfällt, während der Schwerpunkt der Arbeitszufriedenheit auf Emotion und Befinden liegt (Conrad, 1988). Erwartungsgemäß zeigt sich in diesem Sinne eine hohe Korrelation zwischen Arbeitszufriedenheit und Lebenszufriedenheit. Die Korrelation zwischen Involvement und Lebenszufriedenheit ist demgegenüber gering.

vermag als das Commitment. Moser und Schuler (1993b) fanden, daß dies der Fall war.

Bisher wurde ein Variablenkomplex betrachtet, für den *Commitment* ein besserer Prädiktor ist als Involvement. Nun sollen Zusammenhänge betrachtet werden, bei denen die Varianzaufklärung durch *Involvement* besser sein sollte. Es läßt sich zum einen annehmen, daß Involvement positiv mit der Wertigkeit von motivierenden Tätigkeitsmerkmalen und negativ mit der Wertigkeit von Freizeitaspekten zusammenhängen müßte, wenn Involvement für *Zentralität* der Arbeit steht. Im Gegensatz hierzu lassen sich für den Zusammenhang mit Commitment allenfalls deutlich schwächere Zusammenhänge vermuten, da Commitment nicht von der Höhe der Wertigkeit abhängt, sondern allenfalls vom Ausmaß, in dem die Ansprüche erfüllt werden (vgl. Kapitel 4).

Moser und Schuler (1993b) fragten nach der Bedeutsamkeit verschiedener Faktoren bei der Entscheidung für das Unternehmen. Von diesen Fragen ließen sich drei dem Bereich "Familie und Freizeit" zuordnen. Außerdem wurde das Item "Hohes Einkommen" herangezogen, das *nicht* mit Involvement, sehr wohl aber mit Commitment korreliert sein sollte, da Involvement an den persönlichen Wert der Tätigkeit, Commitment aber an den Wert der durch das Unternehmen angebotenen Ressourcen geknüpft ist. (Da es sich um Aussagen *nach* einer Entscheidung für das Unternehmen handelt, kann von deren zumindest partiellem Zutreffen ausgegangen werden.) Es zeigte sich, daß die Bedeutsamkeit des Einkommens mit Commitment, nicht aber mit Involvement zusammenhing, während die Bedeutung von Familie und Freizeit (negativ) mit Involvement, nicht aber mit Commitment korreliert war.

Vorstehend wurde gezeigt, daß Commitment und Involvement geeignet sind, jeweils spezifische Kriterien zu erklären. Insbesondere ergibt sich, daß Involvement weniger gut als Commitment geeignet ist, Fluktuation vorherzusagen. Es gibt allerdings auch einen Vorschlag von Blau und Boal (1987), Involvement und Commitment zu kombinieren, um Fluktuationsverhalten zu erklären. In dem Modell hängen vier Versionen der Kombination von Involvement und Commitment insbesondere mit unterschiedlichen Formen von Absentismus und Fluktuation zusammenhängen (vgl. Abbildung 2).

Der (institutionelle) Star, definiert über hohes Involvement *und* hohes Commitment, zeichnet sich z.B. dadurch aus, daß er sich sowohl für die Organisation als auch für seine Kollegen anstrengt, daß für ihn verschiedenste Facetten der Arbeitszufriedenheit wichtig sind, daß er primär aus (echten) Krankheitsgründen fehlt, oder daß seine Fluktuation für die Organisation dysfunktional wäre. Die "einsamen Wölfe" ähneln den von Gouldner (1958) beschriebenen "Kosmopoliten". Von daher ist auch die Annahme nachvollziehbar, daß sie die Organisation dann verlassen (wollen), wenn sie bessere *aufgabenbezogene* Möglichkeiten an einem anderen Ort sehen. Der "Unternehmensbürger" (corporate citizen) gleicht entsprechend eher dem "Lokalen", für den Konformität und die Erfüllung von Rollen- und Verhaltenserwartungen wichtig sind. Diese Gruppe von Personen ist aber sehr sensibel für die Zufriedenheit mit den *Kollegen*. Die "apathischen Mitarbeiter" bleiben aus schlichtem Nutzenkalkül in der Organisation. Für sie sind Bezahlung und Beförderungsmöglichkeiten sowie die Verfügbarkeit von Alternativen entscheidend.

	hohes Commitment	geringes Commitment
hohes Involvement	Star	einsamer Wolf
geringes Involvement	Unternehmensbürger	Apathiker

Abbildung 2: Eine Typologie von Involvement und Commitment (nach Blau & Boal, 1987)

Blau und Boal (1987) nehmen nun an, daß eine statistische Interaktion von Involvement und Commitment auf Fluktuation prognostizierbar sei (vgl. auch Blau, 1986; Blau & Boal, 1989; Huselid & Day, 1991). Geringes Commitment führt vor allem dann zu Fluktuation, wenn auch das Involvement gering ist. Ihre im Längsschnitt gefundenen Ergebnisse zur Prognose von (freiwilliger) Fluktuation bestätigen dies (Abbildung 3). Die Ergebnisse in Abbildung 3 besagen, daß im Falle geringen Involvements *und* geringen Commitments die Fluktuation am höchsten ist - höher, als man alleine aufgrund der Kenntnis der einen oder der anderen Variable prognostizieren würde.

Commitment und Arbeitszufriedenheit. Wie bereits in Kapitel 5 ausgeführt worden war, entstand das praktische Interesse an der Erfassung von organisationalem Commitment aufgrund der Annahme, daß sich hieraus die Fluktuation von Mitarbeitern voraussagen lassen könnte. Somit entstand gleich zu Beginn die Frage, wie denn im Vergleich von Commitment und Arbeitszufriedenheit die Prognosemöglichkeit aussieht. Tatsächlich fand sich schon in frühen Untersuchungen das Ergebnis, daß Commitment besser als Arbeitszufriedenheit Fluktuation zu prognostizieren vermochte (Porter et al., 1974). In einer Zwischenbilanz bestätigen Steel und Ovalle (1984) auf metaanalytischem Wege dieses Ergebnis: Commitment ist ein besserer Prädiktor von Fluktuation als Arbeitszufriedenheit, ein Fazit, das neuerdings abermals bestätigt wurde (Tett & Meyer, 1993). Wie ist dies erklärbar? Wie unterscheiden sich Commitment und Arbeitszufriedenheit? Und in welcher Beziehung stehen diese zueinander?

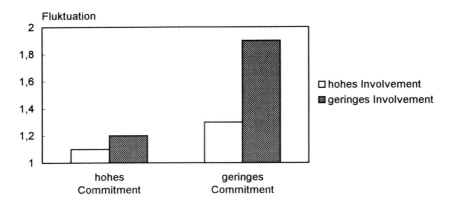

Abbildung 3: Wechselwirkung von Commitment und Involvement auf Fluktuation (1 = Mitarbeiter bleibt im Unternehmen; 2 = Mitarbeiter verläßt das Unternehmen; jeweils 23<N<30; Blau & Boal, 1989)

Erinnern wir uns zunächst daran, daß ein Vorläufer von Commitment die "Moral" von Mitarbeitern war (vgl. auch Viteles, 1953). Da die angeführte Definition von Moral der Definition von organisationalem Commitment relativ nahe kommt, ist bemerkenswert, wie z.B. Locke (1976) Moral und Arbeitszufriedenheit unterscheidet: (1) Moral ist eher zukunftsgerichtet, während Arbeitszufriedenheit eher gegenwarts- und vergangenheitsorientiert ist. (2) Moral bezieht sich auf eine *Gruppe*, während Zufriedenheit sich auf die Situation eines *Individuums* bezieht. Aufgrund des erstgenannten Unterschieds ist es dann auch wahrscheinlicher, daß Moral die *Konsequenz* von Arbeitszufriedenheit darstellt.

Allerdings gibt es auch die Auffassung, daß *Arbeitszufriedenheit das Ergebnis von Commitment* ist. Was sich jedenfalls immer wieder zeigt, das sind hohe korrelative Zusammenhänge zwischen organisationalem Commitment und Arbeitszufriedenheit.[4]

Nach Porter et al. (1974; vgl. auch Mowday, Steers & Porter, 1979) ist Arbeitszufriedenheit zeitlich weniger stabil als Commitment. Dies wird zugleich ins Feld geführt, wenn die Frage gestellt wird, in welche Richtung die (kausale) Beziehung zwischen diesen beiden Variablen gehe: Wenn Arbeitszufriedenheit etwas Instabiles ist, dann kann es kaum etwas Stabiles wie das Commitment beeinflussen (vgl. auch Johnston, Parasuraman, Futrell & Black, 1990; Williams & Hazer, 1986).

Bateman und Strasser (1984) finden jedoch einen gegenteiligen Zusammenhang: Commitment ist *Ursache* von Arbeitszufriedenheit. Zudem wiesen nicht nur organisationales Commitment mit r=.65, sondern auch Arbeitszufriedenheit mit r=.68 eine hohe Stabilität über eine Spanne von fünf Monaten hinweg auf, was die Annahme

---

[4] Tett und Meyer (1993) errechnen eine unkorrigierte mittlere Korrelation von r=.586 auf der Basis von 68 Stichproben (N=35.282).

von Porter et al. (1974) in Frage stellt. Curry, Wakefield, Price und Mueller (1986) kritisierten die Schlußfolgerung von Bateman und Strasser (1984), daß Commitment Arbeitszufriedenheit kausal vorausgehe, und zwar primär aus methodischen Gründen (fehlende Kontrolle der Reliabilität von Arbeitszufriedenheit und Commitment sowie Berücksichtigung von Kovariaten).[5] In ihrer eigenen Längsschnittstudie fanden Curry et al. (1986) *weder* in die eine *noch* in die andere Richtung kausale Zusammenhänge.

Dougherty, Bluedorn und Keon (1985) untersuchten die Prognosekraft zweier Modelle des Zusammenhangs zwischen Arbeitszufriedenheit, Commitment, Fluktuationsneigung und freiwilliger Fluktuation. Nach ihren Ergebnissen spricht mehr für die *gemeinsame* Wirkung von Arbeitszufriedenheit und organisationalem Commitment auf Fluktuationsneigung als für die Annahme, daß Arbeitszufriedenheit dem organisationalen Commitment kausal vorausgeht.

Die kausale Beziehung zwischen Arbeitszufriedenheit und Commitment ist bis heute umstritten; vermutlich wirken sie *wechselseitig* aufeinander ein (Farkas & Tetrick, 1989). Warum ergaben sich überhaupt die widersprüchlichen Ergebnisse zum Verhältnis von Arbeitszufriedenheit und Commitment? Zunächst finden sich hohe Zusammenhänge in konkurrenten Untersuchungen, doch *kausale* Beziehungen können hieraus nicht erschlossen werden. Daher war der nächste Schritt, *Längsschnittstudien* zu fordern. Aber auch die Ergebnisse dieser Studien sind nicht immer eindeutig interpretierbar. So ist noch unklar, in welchem *zeitlichen Abstand* und *wie oft* gemessen werden sollte (z.B. Dougherty et al., 1985). Zudem ist es fraglich, ob die Annahme, daß Arbeitszufriedenheit weniger stabil als Commitment ist, zutrifft. In den letzten Jahren wurden nämlich verschiedenste Belege angeführt, daß es sich bei Arbeitszufriedenheit möglicherweise (auch) um ein stabiles Persönlichkeitsmerkmal handelt bzw. daß Arbeitszufriedenheit mit stabilen Persönlichkeitsmerkmalen korreliert ist. So fanden Furnham und Zacherl (1986), daß Extraversion und soziale Erwünschtheit positiv, Neurotizismus und Psychotizismus negativ mit Arbeitszufriedenheit korreliert sind. Und Brief, Burke, Atieh, Robinson und Webster (1988) sowie Agho, Mueller und Price (1993) berichten u.a. Zusammenhänge zwischen negativer Affektivität[6] und (geringer) Arbeitszufriedenheit.[7]

---

[5] Die von Bateman und Strasser (1984) verwendete statistische Methode wurde an anderer Stelle nachhaltig kritisiert (Rogosa, 1980).

[6] Menschen mit hoher negativer Affektivität beschreiben sich beispielsweise als bekümmert, gereizt oder nervös.

[7] Ein weiteres Problem stellt die *Art* des erfaßten Commitments dar. So ist nach dem austauschtheoretischen Ansatz von Farrell und Rusbult (1981) bzw. Rusbult und Farrell (1983) Commitment das *Ergebnis* von Arbeitszufriedenheit, Investitionen und wenig attraktiven Alternativen. Arbeitszufriedenheit geht demnach Commitment kausal voraus, allerdings handelt es sich um "verhaltensorientiertes Commitment" (Williams & Hazer, 1986). Geht man hingegen von den Annahmen von Kiesler (1971) aus, dann kann tatsächlich Commitment schon bestehen, noch bevor sich Arbeitszufriedenheit überhaupt entwickeln konnte. In den hier berichteten Untersuchungen wurde allerdings i.a.R. organisationales Commitment erhoben.

Wiederholt wurden Korrelationen zwischen Arbeitszufriedenheit und Commitment gefunden, aber weder deren (direkte) Kausalbeziehung noch die Frage jeweils unterschiedlich guter Prädiktoren scheint hinreichend geklärt zu sein (Glisson & Durick, 1988). Jedenfalls aber können Arbeitszufriedenheit und Commitment durchaus unterschieden werden: Arbeitszufriedenheit ist eine affektive Reaktion auf die Erfahrung bestimmter Komponenten des *Arbeitsplatzes*, während sich Commitment auf die *Organisation* bezieht. Entsprechend fanden Glisson und Durick (1988), daß Merkmale des Arbeitsplatzes eher Arbeitszufriedenheit und organisationale Merkmale (Größe der Organisation, Qualität der Führung) eher Commitment prognostizieren. Beschäftigtenmerkmale zeigten sich stärker mit Commitment als mit Arbeitszufriedenheit korreliert (Alter positiv, Ausbildungsniveau negativ). Dies alles zeigte sich, obwohl auch Arbeitszufriedenheit und organisationales Commitment selbst hoch korreliert waren.

Sowohl Arbeitszufriedenheit als auch organisationales Commitment korrelieren mit Fluktuation und insbesondere mit Fluktuationsneigung bzw. Fluktuationsabsicht. Dabei zeigt sich, daß der Zusammenhang zwischen organisationalem Commitment und Fluktuation(sneigung) stärker ist als der Zusammenhang zwischen Arbeitszufriedenheit und Fluktuation(sneigung). Hat es dann aber einen Sinn, organisationales Commitment und Arbeitszufriedenheit zu *kombinieren*, um Fluktuation bzw. Fluktuationsneigung vorherzusagen? Nach den Ergebnissen von Peters, Bhagat und O'Connor (1981) sowie Shore und Martin (1989) trifft dies zu. In beiden Fällen zeigte sich, daß Arbeitszufriedenheit *zusätzlich* zu organisationalem Commitment Fluktuationsneigung erklären. Auch Rosin und Korabik (1991) fanden, daß Arbeitszufriedenheit und organisationales Commitment sich als additiv wirkende Prädiktoren der Fluktuationsneigung erwiesen (vgl. auch Dougherty et al., 1985). Nach der metaanalytischen Untersuchung von Tett und Meyer (1993) tragen *beide* Variablen zur Prognose des Fluktuationsprozesses bei und sollten kombiniert werden.

Moser (1994) untersuchte ebenfalls, ob Fluktuationsneigung durch die Kombination von Commitment und Arbeitszufriedenheit besser erklärt werden kann als durch nur eine der beiden Variablen. Zudem wurde die Bedeutung der wahrgenommenen Arbeitsplatzalternativen untersucht. Neben den deutlichen Effekten von Arbeitszufriedenheit und Commitment ergab sich nur ein marginaler Effekt der wahrgenommenen Chancen. Dies scheint nun im Gegensatz zu den austauschtheoretischen Überlegungen zu stehen, wie sie in Kapitel 4 vorgestellt wurden, wobei allerdings auch schon auf einige Erklärungsmöglichkeiten hingewiesen wurde. So kann hohes Commitment bzw. hohe Zufriedenheit u. a. heißen, daß Alternativen *sehr* attraktiv sein müßten, um als "besser" eingestuft zu werden. Im Urteil, gute Chancen zu haben, ist demnach auch die Einschätzung enthalten, daß die gegenwärtig wahrgenommene Option eben noch nicht *optimal* ist, weshalb wahrgenommene Alternativen und Arbeitszufriedenheit oft negativ korreliert sind. Dies war allerdings bei Moser (1994) nicht der Fall.

Insgesamt zeigt sich somit, daß entsprechend dem Fazit von Tett und Meyer (1993) auch in der Untersuchung von Moser (1994) die Fluktuationsneigung am besten durch eine *Kombination* von Commitment und Arbeitszufriedenheit vorhergesagt werden kann. Die Berücksichtigung der wahrgenommenen Chancen bzw. Alternativen hat wenig zusätzlichen Erklärungswert.

8. Commitment in modernen Organisationen

Das Leben in einer Gemeinschaft beruht darauf, daß soziale Unterstützung, aber auch Normorientierungen, aus Verwandtschaftsbeziehungen, Nachbarschaft, Familie oder Kirche abgeleitet werden können. Die hiermit einhergehenden Bindungen wurden im Prozeß der Modernisierung durch Verstädterung, Mobilität und Arbeitsteilung geschwächt. Die großen industriellen Organisationen wurden lange Zeit als Inbegriff dieses Trends zur Bindungslosigkeit betrachtet, denn sie beruhen auf der Landflucht, sind nur möglich, wenn die Menschen geographische Mobilität akzeptieren und praktizieren ein hohes Maß an Arbeitsteilung. Doch bereits Mayo (1945) machte in seinen einflußreichen Untersuchungen darauf aufmerksam, daß Organisationen auch einen ganz anderen Zweck erfüllen können, nämlich zu einer ersatzweisen Stabilisierung der sozialen Verhältnisse beizutragen. Könnte demnach also die Förderung von verhaltensbezogenem Commitment in Organisationen nicht nur von Vorteil für die Organisation sein, sondern auch von ansonsten orientierungslosen Individuen gewünscht werden?

Ouchi und Jaeger (1978) unterscheiden drei Typen von Organisationen, Typ A, Typ J und Typ Z. Typ A ist die nordamerikanische und westeuropäische Organisation, Typ J die japanische und Typ Z die *besonders angemessene* nordamerikanische Form. Die Merkmale dieser Organisationsformen finden sich in Tabelle 8.

Tabelle 8: *Drei Idealtypen von Organisationen im Vergleich (nach Ouchi & Jaeger, 1978)*

Typ A (nordamerikanisch)	Typ J (japanisch)	Typ Z
kurzfristige Beschäftigung	lebenslange Beschäftigung	lebenslange Beschäftigung
individuelles Entscheiden	Entscheiden per Konsens	Entscheiden per Konsens
individuelle Verantwortung	kollektive Verantwortung	individuelle Verantwortung
schnelle Beurteilung und Beförderung	langsame Beurteilung und Beförderung	langsame Beurteilung und Beförderung
explizite, formalisierte Kontrolle	implizite, informelle Kontrolle	implizite, informelle Kontrolle mit expliziten, formalisierten Maßen
spezialisierter Karriereweg	nicht-spezialisierter Karriereweg	mäßig spezialisierter Karriereweg
segmentiertes Interesse	Interesse am Ganzen	Interesse am Ganzen, die Familie inbegriffen

Ein zentraler Ausgangspunkt ist die Form der Beschäftigung, denn wer lange in einer Organisation ist, hat soziale Beziehungen entwickelt, und wer erwartet, lange in einer Organisation zu verbleiben, wird mehr zu investieren bereit sein. Lebenslange Beschäftigung bedeutet verhaltensbezogenes Commitment - und vielleicht noch mehr. Charakteristisch für die Typ A-Organisation ist, daß sie auf hohe Mobilität und Individualismus abgestimmt ist. Sie scheint also dem "American way of life" angemessen zu sein.

Warum aber bedarf es eines dritten Typs von Organisationen? Ouchi und Jaeger (1978) gehen von der Beobachtung aus, daß japanische Organisationen *auch in den USA* erfolgreich sind. Bei näherer Betrachtung stellen diese Organisationen eine Mischform dar bzw. repräsentieren einen dritten Idealtyp. Die Typ Z-Organisation vereinbart individualistische Werte mit kollektiven Interaktionsmustern; Unabhängigkeits- und Affiliationsmotive werden gleichermaßen befriedigt (vgl. auch Kasten 6).

Kasten 6: Vorteile und Grenzen von Gemeinschaft (Etzioni, 1994, S.31f.)

„Wenn man die Gemeinschaft nur als eine Aggregation von Individuen betrachtet, die für eine bestimmte Zeit zu ihrem Vorteil gebildet wurde, vergißt man dabei, daß Individuen danach streben, gemeinsamen Bedürfnissen zu dienen und in eine Gemeinschaft eingebunden zu sein, die diese Bedürfnisse befriedigt. Sieht man die Gemeinschaft als Quelle von Autorität und Legitimität und versucht man, den Individuen - und sich selbst - im Namen der Pflicht Verhaltensstandards aufzuerlegen, bleibt nicht mehr genug Basis für persönliche Freiheit und andere individuelle Rechte. Ein solches Verhalten hindert die Gemeinschaft auch daran, auf eine sich ständig verändernde Welt kreativ und flexibel zu reagieren, weil dadurch die Herausbildung differierender Meinungen und Positionen eingeschränkt wird, die mit der Zeit die vorherrschenden Werthaltungen ersetzen können und so der Gemeinschaft einen Vorteil brächten."

Während es Ouchi und Jaeger (1978) in dieser Untersuchung noch um die Vereinbarkeit von individuellen Bedürfnissen und Erfordernissen des Organisierens geht und dann die Förderung von Commitment ein Bestandteil ist, spielt Commitment in den im folgenden dargestellten Überlegungen eine prinzipiellere Rolle. Ausgangspunkt ist die Frage, wie die Transaktionen in Gesellschaften zweckmäßigerweise organisiert werden sollten.

Was sind und warum existieren Organisationen? Mit dieser Frage beginnt Ouchi (1980) seine Untersuchung über die Natur von Organisationen. Als Antworten hierauf werden von Ouchi vier Positionen vorgestellt, von denen die vierte intensiver weiterverfolgt wird.

Eine erste Antwort ergibt sich aus den Überlegungen von Barnard (1968). Danach entstehen formale Organisationen, wenn technische oder technologische Umstände dies erforderlich machen, weil die Kapazitäten von Individuen überfordert werden. Ouchis (1980) Einwand hiergegen lautet, daß unter solchen Bedingungen lediglich erklärbar ist, warum *Kooperation* entsteht; Kooperation erfordert aber nicht, daß *formale Organisationen* entstehen.

Die zweite Position wird auf die Überlegung von March und Simon (1958) zurückgeführt, daß eine Organisation so lange existiert, wie sie ihren Mitgliedern Anreize bieten kann, welche die Beiträge übersteigen, die die Organisation von den Mitgliedern verlangt. Das Problem mit diesem Ansatz besteht jedoch darin, daß nicht erklärt wird, wie es eine Organisation schafft, daß sie jedem einzelnen mehr bieten kann, als dieser beiträgt.

Die dritte Position ist nach Ouchi (1980) die am weitesten verbreitete und besagt, daß formale Organisationen zweckgerichtete Aggregate von Individuen sind, die gemeinsame Anstrengungen unternehmen, um gemeinsame und explizit anerkannte Ziele zu verfolgen (Blau & Scott, 1962). Auch hier ist der Einwand nachvollziehbar, daß sich die Individuen in Organisationen - jedenfalls ab einer bestimmten Größe - nur in den seltensten Fällen über ihre Ziele gänzlich einig sind.

Die vierte Position wird schließlich auf die Arbeiten von Coase (1937) und Williamson (1975) zurückgeführt. Nach dieser Auffassung existieren Organisationen deshalb, weil sie ökonomische Transaktionen zwischen ihren Mitgliedern zu geringeren Kosten ermöglichen als es ein Marktmechanismus kann.

Zunächst kann davon ausgegangen werden, daß unter bestimmten Bedingungen Märkte effizienter sind als Organisationen. Der Vorteil von Märkten ist, daß Transaktionen möglich sind, ohne daß z.B. Kosten für Führungskräfte, Buchhalter oder Personalabteilungen entstehen. Solche Kosten, die entstehen, um die eigentlichen Transaktionen in die Wege zu leiten, werden als *Transaktionskosten* bezeichnet. Es gibt jedoch auch Bedingungen, unter denen Marktmechanismen so kompliziert oder schwerfällig sind, daß sie *weniger* effizient sind als eine bürokratische Organisation.

Sowohl in Märkten als auch in Organisationen finden Transaktionen statt. Transaktionen können dadurch definiert werden, daß etwas von Wert für etwas anderes von Wert eingetauscht wird. Die zentrale Frage lautet nun, wie sichergestellt werden kann, daß der Tauschprozeß fair ist. Die Antwort hierauf lautet, daß dies in Wettbewerbsmärkten durch Preismechanismen gewährleistet wird. Im Falle von Organisationen beruht die wahrgenommene Fairneß darauf, daß die bürokratische Hierarchie als legitime Autorität, den Transaktionsprozeß zu organisieren, anerkannt wird. Transaktionskosten entstehen vor allem dann, wenn es schwierig ist, den Wert von Gütern oder Dienstleistungen zu bestimmen, weil z.B. das Vertrauen zwischen den beteiligten Parteien fehlt. Unter solchen Bedingungen wird man Geld ausgeben müssen, um den Wert von Objekten schätzen zu lassen, um Verträge juristisch prüfen zu lassen, um Gutachter zu bezahlen usw.

Transaktionen können über Märkte oder innerhalb von Organisationen organisiert werden; in beiden Fällen wird angenommen, daß die Ziele der beiden Parteien nicht miteinander übereinstimmen. Nun gibt es aber noch eine dritte Möglichkeit, Transaktionen zu organisieren. Sie geht davon aus, daß die Ziele der beteiligten Parteien auch kongruent sein können. Damit ist ganz einfach gemeint, daß Organisationen Maßnahmen ergreifen können, die Ziele zwischen Individuum und Organisation in größere Übereinstimmung zu bringen. Die These von Ouchi (1980) lautet, daß industrielle Organisationen sich unter bestimmten Umständen in einem großen Ausmaß auf Sozialisationsmittel verlassen können, die Transaktionen zu gestalten vermögen. Auf diese Art und Weise organisierte Individuen werden von Ouchi (1980) als *Clan* bezeichnet. In jeder tatsächlichen Organisation können die drei angeführten Mechanismen in unterschiedlich starkem Ausmaß wirksam sein, in jeder Organisation gibt es also Marktmechanismen, bürokratische Phänomene und Clans. Unter welchen Bedingungen spielt nun welcher der drei Mechanismen eine besonders große Rolle?

Zunächst könnten prinzipiell *alle* Transaktionen über Märkte stattfinden. In Anlehnung an Williamson (1975) stellen dann bürokratische Organisationen jeweils Beispiele für das Versagen von Marktmechanismen dar. Die bürokratische Organisation hat aber zwei prinzipielle Vorteile gegenüber Marktbeziehungen. Zum einen nützt sie Beschäftigungsbeziehungen aus, die von ihrer Natur aus unvollständige Verträge sind (z.B. Kotter, 1973). In diesen Verträgen ist *nicht* genau spezifiziert, was Mitarbeiter zu bestimmten Zeitpunkten in der Zukunft zu tun haben. Zudem besteht prinzipiell Gelegenheit, die Leistung des Mitarbeiters kontinuierlich zu kontrollieren. Damit wird versucht, zwei Probleme von Markttransaktionen zu reduzieren, nämlich das Problem der Verläßlichkeit der Transaktionspartner in Anbetracht begrenzter Rationalität und ungewisser bzw. instabiler Umgebung, und das Problem, die Qualität der Güter oder Dienstleistungen des Transaktionsprozesses zu kontrollieren. Ein zweiter Vorteil besteht darin, daß bürokratische Organisationen eine Vertrauensatmosphäre schaffen können, in der ein gewisses Maß von Zielübereinstimmung zwischen Organisation und Individuum erreicht werden kann. Dies ermöglicht es wiederum, auf eine *umfangreiche* Kontrolle der Leistungen von Mitarbeitern zu verzichten.

Ouchi (1980) faßt seine Argumentation wie folgt zusammen: Marktmechanismen versagen, wenn die Kosten, Transaktionen herzustellen, unverhältnismäßig hoch werden. Zu diesem Zeitpunkt wird die Ineffizienz bürokratischer Organisationen den relativ größeren Kosten einer Marktorganisation vorgezogen, und die Austauschbeziehung bewegt sich von einer Domäne in die andere.

Bis zu dieser Stelle folgt Ouchi (1980) im wesentlichen der Argumentation von Williamson (1975). Nun aber wird das Konzept, die Konsequenzen und Umstände des Versagens von Märkten zu analysieren, erweitert. Ausgangspunkt ist die These, daß bürokratische Organisationen dann versagen können, wenn die Ambiguität von Leistungsbeurteilungsdimensionen größer wird als die Ambiguität, die zum Marktversagen führte (Ouchi, 1980, S.134). Ein fundamentales Prinzip bürokratischer Organisation besteht nämlich darin, daß die Leistung der Mitarbeiter anhand bestimmter Standards zu Kontrollzwecken beurteilt bzw. verglichen wird. Nun gibt es aber Aufgaben, bei denen es den beurteilten Personen besonders schwer fällt, die Beurteilungen der Leistungen als gerecht zu empfinden, nämlich dann, wenn sie durch hohe Ambiguität gekennzeichnet sind. Die Annahme von Ouchi (1980) lautet nun wie folgt: Einerseits ist es relativ effizient, Mitarbeiter zu beschäftigen, wenn die Messung der Leistung zwar ambivalent ist, die Ziele des Arbeitgebers es jedoch nicht sind. Aber in einer Arbeitgeber/Arbeitnehmer-Beziehung ist jeder Mitarbeiter davon abhängig, daß der Arbeitgeber die Löhne gerecht verteilt, und wenn die Mitarbeiter dem Arbeitgeber nicht vertrauen, dann werden sie vertraglichen Schutz verlangen (z.B. Vertretung durch Gewerkschaften) und die Transaktionskosten werden zunehmen. Um also Transaktionen effizient abzuwickeln, muß jede Organisation entweder versuchen, die Ambiguität von Leistungsbeurteilungen zu reduzieren oder die Zielübereinstimmung zwischen den beteiligten Parteien zu erhöhen. Das Problem läßt sich wie folgt umformulieren: Marktbeziehungen sind dann effizient, wenn wenig Ambiguität hinsichtlich der Qualität oder den Leistungsstandards besteht, so daß die beteiligten Parteien relativ viel Opportunismus oder Zielinkongruenz akzeptieren können. Bürokratische Beziehungen sind dann effizient, wenn sowohl die Ambiguität der Beurteilungsdimensionen als auch die Inkongruenz der Ziele mäßig hoch sind. Die Organisation des Clans ist schließlich das Gegenteil einer Marktbeziehung, indem sie unter den entgegengesetzten Bedingungen effizient ist, nämlich bei hoher Ambiguität der Leistungsbeurteilungen und geringem Opportunismus.

Wie lassen sich nun Organisationen, welche die Form eines Clans haben, beschreiben? Es handelt sich dabei keineswegs um chaotische Organisationen. Die Kongruenz der Ziele von Individuen und Organisation wird beispielsweise durch relativ umfangreiche Sozialisationsmittel hergestellt. Den einzelnen Mitgliedern des Clans stehen auch Informationen zur Verfügung, um zu lernen und Leistungen erbringen zu können. Es ist aber kaum möglich, die „Fairneß" der Beziehung zwischen Organisation und Individuum zu beurteilen. Tabelle 9 stellt die drei Formen der Kontrolle von Transaktionen vergleichend einander gegenüber.

Tabelle 9: *Drei Kontrollmechanismen zur Gestaltung von Transaktionen (nach Ouchi, 1980, S.137)*

Art der Kontrolle	normative Erfordernisse	informationale Erfordernisse
Markt	Reziprozität	Preise
Bürokratie	Reziprozität; legitimierte Autorität	Regeln
Clan	Reziprozität; legitimierte Autorität; gemeinsame Normen und Werte	Traditionen

In Tabelle 9 werden normative Erfordernisse und informationale Erfordernisse unterschieden. Die normativen Erfordernisse beziehen sich auf das, worauf sich die an der Transaktion beteiligten Parteien einigen müssen, damit die Transaktionskosten nicht zu hoch werden. Die Norm der Reziprozität ist insofern unproblematisch, als sie als universell gelten kann (Fiske, 1993). Bürokratische Organisationen erfordern zudem legitimierte Autorität und die Form des Clans beruht nochmals zusätzlich auf gemeinsamen Werten und Überzeugungen. Die informationalen Erfordernisse sind Preise, Regeln und Traditionen. Bei den Traditionen handelt es sich um implizite Regeln, die im Laufe der organisationalen Sozialisation vermittelt werden. Die gemeinsamen Normen und Werte zu akzeptieren ist aber, wie in Kapitel 5 ausgeführt, wesentlicher Bestandteil der Entwicklung von organisationalem Commitment.

Wie können nun die beiden Untersuchungen von Ouchi integriert werden? Nach Ouchi (1980) können Transaktionen innerhalb von Märkten und in zwei Typen von Organisationen stattfinden, in bürokratischen Organisationen und in Organisationen vom Typus des *Clans*. Moderne Organisationen haben oft einen bürokratischen Charakter, sind Typ A-Organisationen. Typ J-Organisationen können hingegen als „industrielle Clans" bezeichnet werden. Die Bildung von Typ Z-Organisationen bedeutet dann schließlich, in westlichen Ländern clanartige Organisationen zu schaffen.

Die Ausführungen von Ouchi (1980; Ouchi & Jaeger, 1978) sind nicht unkritisiert geblieben. Ein Einwand betrifft den angenommenen Effekt, den hohes Commitment auf Produktivität hat. Wie in den vorherigen Kapiteln ausgeführt, zeigt sich in aller Regel nur ein schwacher, wenn auch positiver, Zusammenhang zwischen organisationalem Commitment und individueller Leistung. Allerdings könnte hierauf eingewendet werden, daß es die Senkung von *Transaktionskosten* ist, was nach Ouchi (1980) zu höherer Produktivität der *Organisation* führt. Im Falle von hohem Commitment der Mitarbeiter kann z.B. auf die Bezahlung von Rechtsanwälten, die das Unternehmen vor dem Arbeitsgericht vertreten, verzichtet werden, oder es werden Arbeitskämpfe vermieden.

Ein weiterer Einwand lautet, daß die Annahmen von Ouchi (1980) eine schwache empirische Basis haben (vgl. insbesondere Sullivan, 1983). Beispielsweise wird der typische Entscheidungsprozeß in japanischen Unternehmen eher als konsultativ denn als konsensual beschrieben (Hatvany & Pucik, 1981). Vor allem aber ist die lebenslange Beschäftigung eher ein kulturelles Ideal denn weitverbreitete Realität in japanischen Unternehmen (Marsh & Mannari, 1971; Clark, 1979). Mit der Darstellung und Kritik der in diesem Zusammenhang bis heute einflußreichen Untersuchung von Abegglen (1958) soll dieses Kapitel abgeschlossen werden.

In einem Vergleich der Struktur von Organisationen in westlichen Ländern und in Japan kommt Abegglen (1958) zum Ergebnis, daß japanische Organisationen sich durch spezielle Commitment-Strukturen auszeichnen. Insbesondere stellte dieser

Autor die These auf, daß das lebenslange Commitment für japanische Arbeitnehmer bzw. japanische Organisationen charakteristisch sei.[1] Marsh und Mannari (1971) nahmen anhand von Daten japanischer und US-amerikanischer Unternehmen eine empirische Überprüfung vor. Tatsächlich zeigten sich verschiedene Unterschiede, die zumindest tendenziell die These zu bestätigen scheinen, daß das Commitment in japanischen Unternehmen stärker ausgeprägt ist. Beispielsweise zeigte sich, daß im Vergleich von Japan und den Vereinigten Staaten der Prozentsatz an Mitarbeitern, die in vergleichbaren wirtschaftlichen Bereichen ihre Organisation verließen, zwischen 1959 und 1968 ungefähr halb so groß war.

Das heißt aber nicht, daß das Commitment in japanischen Organisationen *absolut* betrachtet sehr hoch ist. Beispielsweise weisen Marsh und Mannari (1971) darauf hin, daß Abegglen (1958) seine These vom lebenslangen Commitment anhand von sehr großen Unternehmen untersuchte. Aber nur 16 % der japanischen Arbeitnehmer, die im Bereich der Produktion tätig waren, arbeiteten im Jahre 1960 in Unternehmen, die 1000 oder mehr Mitarbeiter hatten - und Abegglen (1958) untersuchte lediglich Unternehmen, die mehr als 1000 Mitarbeiter beschäftigten. Hinzu kommt, daß lebenslanges Commitment, wenn es als *psychologische* Kategorie verstanden wird, sich vor allem auf Normen und Werte oder auf eine moralisch begründete Loyalität zum Unternehmen beziehen sollte. Lebenslanges Commitment sollte also mehr besagen, als daß eine Person in einem Unternehmen bleibt. Es sollte vielmehr dafür stehen, daß die Mitarbeiter Normen und Werte internalisiert haben. Damit, so argumentieren Marsh und Mannari (1971), sollte man moralische Loyalität von Commitment, das auf Statuserhöhung zurückgeht, unterscheiden.[2] Schließlich ist noch eine weitere Differenzierung notwendig. Tatsächlich können Mitarbeiter nämlich bestimmte Werthaltungen äußern und sich gleichzeitig *nicht* entsprechend diesen Werthaltungen verhalten, bzw. mit diesen relativ differenziert umgehen. So können beispielsweise Mitarbeiter durchaus die Auffassung äußern, daß es wichtig sei, wechselseitig Loyalität zu *bekunden*. Aber welche Schlußfolgerungen sollten hieraus gezogen werden? Man kann zwar davon ausgehen, daß gerade japanische Unternehmen sich verpflichtet fühlen, ihre Mitarbeiter nur dann zu entlassen, wenn extreme Umstände eintreten. Für die Mitarbeiterseite gilt jedoch, daß das Commitment und die damit entsprechend einhergehenden Verhaltensweisen sich darauf beziehen, daß man loyal zur Firma sein soll, so lange man in ihr tätig ist - das

---

[1] An dieser Stelle sei angemerkt, daß dies die typische Interpretation der Ergebnisse von Abegglen (1958) in der Folgezeit ist. Die angeführte Kritik an Abegglen (1958) scheint diesem Autor aber nicht ganz gerecht zu werden. Was er vor allem diskutiert, das sind die Schwierigkeiten, die auftreten, wenn lebenslanges Commitment z.B. aufgrund der wirtschaftlichen Situation des Unternehmens *nicht* verwirklichbar ist.

[2] In der Terminologie, die in der vorliegenden Untersuchung verwendet wird, plädieren somit Marsh und Mannari (1971) dafür, fortsetzungs- und austauschbezogenes Commitment nicht mit organisationalem Commitment zu verwechseln.

heißt aber nicht, daß man unbedingt auf Dauer in der Firma zu bleiben hat. Marsh und Mannari (1971) sind von daher der Auffassung, daß es besser sei, von *gegenwärtigem* Commitment zu sprechen als von *lebenslangem* Commitment. Auch aufgrund ihrer eigenen Untersuchungen kommen Marsh und Mannari (1971) zum Ergebnis, daß für den Fall, daß die von ihnen befragten Mitarbeiter sich zu lebenslangem Commitment bekannten, dies hauptsächlich auf Statuserhöhung (z.B. Gehaltserhöhungen, Beförderungen, Pensionsansprüche) zurückzuführen war, weniger aber auf innere Überzeugung.

Marsh und Mannari (1971) kommen zusammenfassend zum Ergebnis, daß für die von ihnen befragten Mitarbeiter japanischer Unternehmen lebenslanges Commitment eher eine *Norm* als einen *Wert* darstellt. Lebenslange Beschäftigung ist zwar ein hohes Gut und wird von japanischen Arbeitnehmern stark gewünscht, tritt aber in der Realität oft nicht auf (Clark, 1979). Daß es sich um eine Norm handelt, bedeutet in diesem Fall, daß das Commitment von entsprechenden Gegenleistungen und Loyalitätsbezeugungen durch das Unternehmen abhängt. Genau diese Art von Commitment hatte aber beispielsweise Abegglen (1958) nicht gemeint. Moralische Loyalität zum Unternehmen heißt, daß sie unabhängig von Statuserhöhung gezeigt wird, daß der Mitarbeiter loyal zum Unternehmen bleibt, *obwohl* ökonomische Gründe für eine andere Entscheidung sprechen würden. Damit aber unterscheiden sich die Bedingungen in japanischen Unternehmen und in westlichen Unternehmen nicht prinzipiell. Die Gründe dafür, warum japanische Mitarbeiter in ihrem Unternehmen bleiben, sind die gleichen wie die Gründe, die zu Commitment bei Arbeitnehmern in westlichen Ländern führen. Das lebenslange Commitment kann zudem das tatsächlich doch beobachtbare Ausmaß an Fluktuation in japanischen Unternehmen nicht erklären (Marsh & Mannari, 1977).

Die vorstehenden Ausführungen zeigten eine nicht untypische Art und Weise, mit dem Commitment-Konzept in der öffentlichen Diskussion umzugehen, nämlich es nahezu beliebig auf Verbleibensdauer und Werthaltungen anzuwenden, wobei die Verbleibensdauer bzw. der *Wunsch*, lange im Unternehmen zu bleiben, die Datengrundlagen bilden. Die wenigen Untersuchungen, in denen Unterschiede im *einstellungsbezogenen* Commitment z.B. zwischen japanischen und US-amerikanischen Unternehmen untersucht wurden, ergaben hingegen ein überraschendes Bild. Beispielsweise fanden Lincoln und Kalleberg (1985), daß das Commitment japanischer Arbeiter tendenziell eher *geringer* ist als das Commitment US-amerikanischer Arbeiter. Luthans et al. (1985) berichten, daß das organisationale Commitment von US-amerikanischen Mitarbeitern höher war als das von japanischen und koreanischen. Auch die Annahme, in eher kollektivistischen Ländern (sensu Hofstede, 1980) wie z.B. Japan sei das organisationale Commitment höher, hat sich bisher als unzutreffend herausgestellt (Randall, 1993).

9. Commitment in utopischen Gesellschaften

Wenn Commitment eine so entscheidende Bedeutung hat, um die Aufrechterhaltung der Mitgliedschaft in Organisationen zu erklären, und wenn nunmehr auch verschiedenste Faktoren bekannt sind, die zum Entstehen und der Intensivierung von Commitment beitragen, dann müßten sich auch sozialtechnologische Anwendungsmöglichkeiten zeigen lassen. Wenn Commitment wirklich wichtig ist, dann sollte es zum Überleben insbesondere solcher Organisationen beitragen, die unter erschwerten Bedingungen zu existieren versuchen. Diese Annahme soll anhand einer Untersuchung über utopische Gesellschaften überprüft werden (vgl. Kanter, 1968, 1972).

Utopien oder utopische Gesellschaften zeichnen sich durch verschiedene Merkmale aus, von denen im folgenden einige typische angeführt seien: Die Menschen leben und arbeiten eng und auf kooperative Art und Weise zusammen. Sie leben in einer sozialen Ordnung, die sie selbst geschaffen und für die sie sich selbst entschieden haben. Utopische Gesellschaften werden nicht durch Zwang, sondern durch "Commitment" zusammengehalten, da die Menschen nur das tun, was sie wollen. Die Interessen des einzelnen stimmen mit den Interessen der Gruppe überein. Persönliches Wachstum und persönliche Freiheit beinhalten auch Verantwortung für andere. Harmonie, Kooperation und Wechselseitigkeit von Interessen gelten als natürliche Merkmale der menschlichen Existenz, während Konflikt, Wettbewerb und Ausbeutung nur in weniger als perfekten Gesellschaften entstehen. Kommunen und utopische Gemeinschaften orientieren sich am Ideal der sozialen Einheit. Sie basieren auf einer sozialen Ordnung, deren Grundlagen Freiwilligkeit, Wertorientierung und Gemeinschaftssinn sind. Konformität gründet sich auf Commitment, im Verständnis von Kanter (1972) darauf, daß es *der eigene Wunsch* - und nicht etwa Zwang oder Gewalt - des Individuums ist, den Regeln der Gemeinschaft zu gehorchen. Die Mitglieder werden durch die Gesamtheit aller Mitglieder oder durch spezielle Individuen der Gemeinschaft kontrolliert, nicht aber bzw. mit weniger großer Wahrscheinlichkeit von externen Spezialisten oder politischen Faktoren oder Kräften. Eine Kommune sucht im allgemeinen nach Selbstbestimmung, macht oft ihre eigenen Gesetze und lehnt es ab, den Gesetzen zu gehorchen, welche die größere Gesellschaft formuliert. Sie ist als eine Einheit identifizierbar, hat physische und soziale Grenzen, indem es einen physischen Ort der Kommunen gibt und Mittel und Wege, um Mitglieder und Nichtmitglieder zu unterscheiden. Das Handeln der Kommunen ist auf bestimmte Ziele ausgerichtet, in der Regel gehören hierzu Harmonie, Brüderlichkeit, wechselseitige Unterstützung und das Bekenntnis zu den eigenen Werten. Eine zentrale Übereinkunft besteht darin, Ressourcen und Finanzen zu teilen. Wie bereits gesagt, grenzen sich Kommunen nach außen ab. Dies bedeutet, daß sie zunächst und vor allem für ihre eigenen Mitglieder aktiv sind. Beziehungen zwischen den Mitgliedern einer Kommune sind wichtiger als die Beziehungen zur Außenwelt. Während in Wirtschaftsorganisationen die Art der Arbeit bestimmt, wer Organisationsmitglied wird, hängt es in der utopischen Gemeinschaft von der "Natur" der Menschen, die bereits Mitglieder der Organisation sind, ab, welche Art von Arbeit geleistet wird. Die Aufrechterhaltung des Gefühls von Gruppensolidarität ist ebenso wichtig wie das Erreichen spezifischer Ziele.

Für die *Entstehung* von Utopien und Kommunen gibt es drei Anlässe: religiöse, politisch-ökonomische und psycho-soziale. Die religiös motivierten Kommunen streben danach, religiöse und spirituelle Werte zu verwirklichen und lehnen die "Sündhaftigkeit" der etablierten Ordnung ab. Die zweite Gruppe von Kommunen strebt hingegen danach, die Gesellschaft zu reformieren, ihre ökonomischen und politischen Krankheiten zu heilen und Ungerechtigkeit sowie Unmenschlichkeit abzulehnen bzw. zu beseitigen. Die dritte Gruppe von Kommunen, die sich beispielsweise in den 60er und 70er Jahren des 20. Jahrhunderts etablierten, hat zum Ziel, das psycho-soziale Wachstum der Individuen zu fördern sowie Isolation und Entfremdung von der das Individuum umgebenden Gesellschaft zu reduzieren. Diese drei Motive hatten zwar ihre Höhepunkte in verschiedenen Epochen, aber noch in den 60er Jahren des 20. Jahrhunderts waren alle drei Motive bedeutsam (Kanter, 1972).

Wenn man von utopischen Gemeinschaften hört bzw. darüber spricht, dann mögen einem zunächst der Fanatismus und die "Geschlossenheit" in den Sinn kommen, von denen man vermutet, daß sie solche Organisationsformen prägen. Würde dies zutreffen, dann hätten die Kritiker recht, die vor einer allzu starken Förderung des organisationalen Commitments warnen.[1] Doch es wäre falsch, wenn man annehmen würde, dies spiegele die typische Situation in utopischen Kommunen wieder. Wie nämlich Kanter (1972) ausführt, ist vielmehr die Bereitschaft zum *Experimentieren* ein charakteristisches Merkmal von utopischen Gesellschaften. Damit ist nicht nur gemeint, daß utopische Gemeinschaften soziale Experimente an sich sind, sondern daß auch innerhalb dieser Gemeinschaften mit neuen Formen des Zusammenlebens und Erlebens experimentiert wurde und wird. Einige Beispiele dafür sind die Einführung von Diäten, neue Formen der Medizin, die Verwendung von Drogen oder Experimente mit Astrologie und Yoga (z.B. in der Hippie-Bewegung), neue Formen von Kleidung oder Haarschnitt, aber auch Heiratsformen, Erziehungspraktiken und Verhütungstechniken.

Im Mittelpunkt der Untersuchung von Kanter (1972) steht der Vergleich von erfolgreichen und weniger erfolgreichen utopischen Gemeinschaften. Genauer gesagt, vergleicht die Autorin 9 erfolgreiche utopische Gemeinschaften des 19. Jahrhunderts mit 21 nicht-erfolgreichen Gruppen. Das Kriterium für Erfolg besteht darin, daß die erstgenannten 9 Gruppen 33 Jahre oder länger existierten, die 21 nicht-erfolgreichen aber weniger als 16 Jahre. *Die These lautet nun, daß der Hauptunterschied, der den Erfolg ausmacht, darin besteht, inwiefern es den Gruppen gelang, das Commitment*

---

[1] Auf den vermeintlichen Widerspruch zwischen Commitment und Innovationsbereitschaft wird im nächsten Kapitel eingegangen.

der Gruppenmitglieder zu fördern. Die Frage, die sich den Organisationen stellte, lautete, wie die menschliche Gesellschaft zu organisieren sei, damit - im speziellen Fall die eigene Organisation - ein Bestehen bzw. ein Fortbestand möglich sein würde. Im einzelnen stellen sich verschiedene Teilfragen:

1. Wie kommt es, daß die Arbeit erledigt wird, aber ohne Zwang auszuüben?

2. Wie kann man sicher gehen, daß überhaupt Entscheidungen gefällt werden, daß aber auch jeder damit zufrieden ist?

3. Wie kann man enge und erfüllende Beziehungen aufbauen?

4. Wie sollen neue Mitglieder ausgewählt und sozialisiert werden?

5. Wie ermöglicht man ein gewisses Maß an Autonomie, individueller Einzigartigkeit und sogar Devianz?

6. Wie gewinnt man Übereinstimmung und gemeinsame Wahrnehmung des Funktionierens und der Werte der Gemeinschaft?

All diesen Fragen ist gemeinsam, daß sie alle Fragen von *Commitment* sind: Es geht darum, wie die Mitglieder zur Arbeit, zu den Werten und zueinander Bindungen entwickeln, wieviel von ihrer vorherigen Unabhängigkeit sie zurückstellen bzw. auf wieviel sie zugunsten der Interessen der Gruppe verzichten wollen. Mitglieder mit Commitment arbeiten hart, partizipieren aktiv, gewinnen Liebe und Zuneigung aus der gemeinschaftlichen Gruppe und glauben mit Überzeugung an das, wofür die Gruppe steht.

Nun mag man sich fragen, warum denn gerade Commitment so wichtig ist. Gibt es denn nicht auch viele Zweckorganisationen, die bestehen und funktionieren, und die zum Vorbild genommen werden können? Die Antwort hierauf lautet, daß tatsächlich das Problem des Commitments für Kommunen oder Gemeinschaften entscheidend ist. Hierfür lassen sich folgende Argumente anführen:

1. Die Gemeinschaft konkurriert mit ihrer Umgebung um die Loyalität der Mitglieder.

2. Es muß mit früheren Sozialisationserfahrungen der Mitglieder umgegangen werden.

3. Interne Konflikte müssen beruhigt werden, um eine Einheit gegenüber der Außenwelt zu präsentieren.

4. Die Gemeinschaften grenzen sich von der etablierten Ordnung ab und können von daher ihren Mitgliedern weniger Freiheit gewähren.

Was bedeutet Commitment in diesem Zusammenhang? Und wie kommt es zustande? Kanter (1972) unterscheidet hier drei Aspekte: das Verbleiben im System, die Kohäsion und Kontrollmechanismen. Die Autorin setzt diese drei Mechanismen drei verschiedenen Orientierungen gegenüber sozialen Systemen in Analogie, der instrumentellen, der affektiven und der moralischen Orientierung. Instrumentelles Commitment entsteht aus dem Verrechnen von Nutzen und Kosten des Verbleibens in einem System. Als affektives Commitment wird die Art von Commitment bezeichnet, die darauf beruht, daß ein Zusammengehörigkeitsgefühl in der Gruppe besteht, daß starke emotionale Bindungen existieren. Als moralisches Commitment bezeichnet Kanter (1972) schließlich das Einverständnis damit, was das System als rechtlich, moralisch gerecht usw. bezeichnet und dementsprechend die Bereitschaft, den Forderungen des Systems zu folgen und die Sanktionsmechanismen als angemessen zu akzeptieren.

Stichwortartig lassen sich die drei Formen von Commitment so charakterisieren: Belohnung, Zugehörigkeitsgefühl und Sinnerleben. Kanter (1972) unterscheidet zudem sechs verschiedene Mechanismen, wie Commitment entsteht bzw. erzeugt wird:

1. *Opfer.* Von den Organisationsmitgliedern wird gefordert, daß sie Opfer erbringen, daß es ihnen etwas wert ist, Mitglied zu sein. Die Mitgliedschaft wird hierdurch wertvoller und bedeutungsvoller. Diese Opfer können verschiedene Formen annehmen. In den von Kanter (1972) untersuchten Gemeinschaften des 19. Jahrhundert war ein oft zu beobachtendes Beispiel die Abstinenz. Zunächst bezieht sich die Abstinenz naheliegenderweise auf Alkohol, aber dann auch auf Tabak, Kaffee, Tee oder Fleisch. Formen der sexuellen Abstinenz sind ein anderes Beispiel, so etwa Varianten des Zölibats. Weitere Varianten von Opfern sind schließlich der Verzicht auf persönlichen Schmuck, auf Spiele, auf aufwendige Kleidung usw.

2. *Investitionen.* Ein zweiter Mechanismus, der Commitment erzeugt, sind Investitionen. Dabei kann es sich sowohl um ökonomische als auch um nicht-ökonomische Ressourcen handeln, die investiert werden, so insbesondere um Zeit und Energie. Eine Art von "Empfehlung", die sich hieraus ableitet, lautet, daß utopische Gemeinschaften darauf bestehen sollten, daß ihre Mitglieder auch in der Gemeinschaft wohnen. Investitionen heißt insbesondere, daß neue Mitglieder finanzielle Spenden tätigen, daß sie ihr Eigentum der Gemeinschaft überschreiben oder daß sie jegliches Geld und Eigentum, das sie während ihrer Mitgliedschaft erhalten, der Gemeinschaft überlassen. Ein weiterer Faktor, der die Bedeutung von Investitionen erhöht, ist deren Irreversibilität. Ein Beispiel hierfür ist, daß die

Beiträge, die der einzelne zur Gemeinschaft beigetragen hat, nicht registriert oder aufgezeichnet werden.

3. *Verzicht und Entsagung.* Beziehungen, die dem Gruppenzusammenhalt entgegenstehen, wird entsagt. Dies betrifft sowohl Beziehungen nach außen, also mit Personen oder Gruppen außerhalb der Gemeinschaft, als auch interne Gruppen. Abgrenzung von der Außenwelt findet durch geographische Isolation, aber auch durch Sprache oder Kleidung statt. Auch die Existenz von intimen Zwei-Personen-Beziehungen stellt tendenziell eher eine Bedrohung für den Zusammenhalt der Gruppe dar. Solche Beziehungen lenken die Gruppenmitglieder davon ab, emotionale Energie und Loyalität der Gruppe zu widmen. Die erfolgreichen utopischen Gemeinschaften verfolgten zwei geradezu entgegengesetzte Strategien, entweder sie ermutigten die freie Liebe oder sie forderten das Zölibat. Schließlich wurden auch verschiedene Maßnahmen ergriffen, um familiäre Beziehungen sowohl innerhalb der Gemeinschaft als auch mit Familienmitgliedern außerhalb der Gemeinschaft zu schwächen.

4. *Gemeinschaftsbeziehungen.* Brüderlichkeit und Kameradschaftlichkeit, die Entwicklung eines "Wir-Gefühls", ist ein weiterer Mechanismus zur Förderung des Commitments. Gemeinschaftlichkeitsmechanismen führen dazu, daß es ein Gleichheitsgefühl und Gruppenbewußtsein gibt, daß eine Gemeinschaft entsteht, die zusammenhält, die emotional bedeutsam ist und die affektiv befriedigend sein kann. Günstig ist hierfür zunächst die Homogenität der Gruppenmitglieder, z.B. deren religiöser Hintergrund oder sozialer Status. Bedeutsam scheinen zudem gemeinsame Erfahrungen und die Gelegenheit, Beziehungen zwischen den Gruppenmitgliedern entstehen zu lassen, noch bevor die Gemeinschaft gegründet wird. Weitere Mittel zur Stärkung des Gemeinschaftsgefühls sind der gemeinsame Besitz und die gemeinsame Arbeit, regulierte Gruppenkontakte bzw. die Verminderung des Zeitanteils, während dem ein Individuum alleine ist. Ein weiterer Faktor sind Rituale, beispielsweise das Absingen gemeinsamer Lieder. Als letztes zu nennen wären schließlich das Erleben von Verfolgungen beziehungsweise die Existenz äußerer Feinde oder von Anfeindungen.

5. *Beschämung und Kasteiung.* Öffentliche Selbstbekenntnisse - "öffentlich" meint hier in bezug auf die Gruppe - sind ein Ausdruck dafür, daß sich die Gruppe um das Individuum kümmert. Der einzelne zeigt, daß er seine Schwächen, Fehler, Zweifel, Probleme und innersten Geheimnisse mit anderen zu teilen bereit ist. Hierzu gehört unter anderem, Bekenntnisse abzugeben, Selbstkritik zu üben und sich wechselseitig zu kritisieren.

6. *Transzendenz*. Transzendenz bedeutet zunächst, durch die Gemeinschaft Macht und Sinn zu erleben. Dieses Erlebnis wird zunächst durch das Charisma eines Führers, dann aber durch das institutionelle Charisma der gesamten Gruppe vermittelt. Im einzelnen zählen hierzu das Vorhandensein einer Ideologie, spezielle Macht- und Autoritätsstrukturen, spezifische Verhaltensregeln, ideologische Konversionen (z.B. Gelöbnisse) und das Berufen auf Traditionen.

Den Ausführungen von Kanter (1972) folgend wurden sechs Mechanismen vorgestellt, die dazu beitrugen, daß Kommunen unterschiedlich lange Bestand hatten. Aber auch die an sich erfolgreichen Gemeinschaften gingen schließlich unter, lösten sich entweder auf oder spalteten sich, gingen in anderen Gemeinschaften auf usw. Kanter (1972) nennt drei langfristige Entwicklungen, die hierfür verantwortlich waren. Zunächst sind es Veränderungen in der Umgebung (Technologien, Transportmittel, Kommunikationsmöglichkeiten oder das Vorhandensein von Luxusgütern.)

Ein zweiter Faktor besteht in der biologischen Tatsache, daß die Mitglieder der Gemeinschaften älter werden. Das Commitment der zweiten Generation beruht auf anderen Grundlagen. Sie hat sich nicht frei dazu entschieden, in der Gemeinschaft zu leben, sie ist nicht nach Abwägung von Alternativen konvertiert, es gehen keine anderen Erfahrungen außerhalb der Gemeinschaft voraus.

Ein drittes Problem ist schließlich sehr spezifisch für utopische Gemeinschaften. Es ergeben sich nämlich nur schwer miteinander vereinbare Anforderungen an utopische Gemeinschaften, indem sie einerseits neue Werte verwirklichen wollen und andererseits in einer bereits existierenden Welt bestehen müssen. In dem Ausmaß, in dem es nämlich gelingt, die Beziehungen mit der externen Umgebung effizient zu gestalten, werden das Gemeinschaftsgefühl unterminiert, das Commitment geschwächt und die Gruppe verwundbar.[2]

Kanter (1972) hat gezeigt, wie das Commitment-Konzept genutzt werden kann, um die Stabilität von Organisationen - Stabilität selbst unter ungünstigen Bedingungen - zu erklären. Im Unterschied zur These vom hohen Commitment japanischer Arbeitnehmer aus dem vorangehenden Kapitel wurde hier mit begrifflicher Präzision vorgegangen - und zugleich ein praktisches Problem zu (er-)klären versucht. Schließlich aber führt die Analyse von Kanter zu der Frage, ob es sich bei der Förderung von Commitment um eine Angelegenheit handelt, die immer von Vorteil für Individuum und Organisation ist. Denn schließlich verwenden z.B. auch religiöse oder politisch extreme Organisationen, deren Ziel nicht unbedingt nur das Wohl des einzelnen ist,

---

[2] Um dieses Spannungsverhältnis zu verdeutlichen, kann auf die Unterscheidung von Gemeinschaft und Gesellschaft (Tönnies, 1979) verwiesen werden. Gemeinschaftliche Beziehungen sind durch Handlungen charakterisiert, die nicht-rational, affektiv, emotional, traditional und expressiv sind - wie beispielsweise in einer Familie. Gesellschaftliche Beziehungen sind durch Handlungen gekennzeichnet, die rational, kontraktuell, instrumentell und aufgabenbezogen sind - wie beispielsweise in einem Wirtschaftsunternehmen.

die sechs von Kanter (1972) beschriebenen Mittel zur Erhöhung des Commitments. Anders formuliert: Gibt es auch *negative* Seiten von Commitment? Im nächsten Kapitel wird diese Frage ausführlicher untersucht (vgl. auch Kasten 7).

Kasten 7: Förderung von Commitment: Das Beispiel der Cosa Nostra (Falcone & Padovani, 1993, S.91f.)

„Wenn der Zeitpunkt der Initiation gekommen ist, werden die Kandidaten oder der Kandidat in ein Zimmer an einem entlegenen Ort geführt, wo der Vertreter der Familie und alle, die in der Familie Ämter bekleiden, sowie eventuell einfache Ehrenmänner bereits warten ... Manchmal läßt man die Kandidaten erst Stunden in einem abgeschlossenen Raum warten, bevor man sie einzeln herausholt. Dann erklärt der Vertreter der Familie den künftigen Ehrenmännern die Regeln, die in der *Organisation* gelten, und bekräftigt, daß das, was man gemeinhin als Mafia bezeichnet, in Wirklichkeit Cosa Nostra heißt. Anschließend weist er die Neuen darauf hin, daß sie ihren Antrag immer noch zurückziehen können, und erläutert ihnen die Pflichten, die mit der Mitgliedschaft in der *Organisation* verbunden sind: niemals die Frau eines anderen Ehrenmannes anrühren, nicht stehlen, keine Prostitution betreiben, keine anderen Ehrenmänner töten, Anzeigen bei der Polizei vermeiden, nicht mit anderen Ehrenmännern streiten, sich stets korrekt und seriös verhalten, kein einziges Wort mit Fremden über die Cosa Nostra reden und möglichst nicht allein anderen Ehrenmännern gegenübertreten (üblich ist, daß ein Ehrenmann die Teilnehmer eines Treffens bereits kennt und ihre Zugehörigkeit zur Cosa Nostra bestätigen kann, indem er sagt: „Dieser Mann ist die gleiche Sache wie wir.") Nach der Erläuterung der Gebote und nachdem der Kandidat seinen Willen, Mitglied der *Organisation* zu werden, nochmals bekräftigt hat, ruft der Vertreter der Familie jeden Kandidaten auf, sich einen Paten unter den anwesenden Ehrenmännern auszusuchen. Dann erfolgt die Zeremonie des Schwurs. Der Kandidat wird gefragt, mit welcher Hand er schieße, dann wird ihm in den Zeigefinger gestochen und mit dem Blut ein Heiligenbild beschmiert (meistens eine Mariä-Verkündigungs-Madonna, die zur Schutzpatronin der Cosa Nostra ernannt wurde ...). Dann wird das Bild angezündet, und der nun Eingeweihte schwört feierlich ... die Regeln der Cosa Nostra niemals zu verraten, selbst wenn er wie dieses Bild verbrenne.
In dem Augenblick, in dem ihm in den Zeigefinger gestochen wird, schärft ihm der Vertreter der Familie nochmals mit Nachdruck ein, sich vor Verrat in acht zu nehmen, denn man tritt durch das Blut in die Cosa Nostra ein, und nur durch das Blut wieder aus."

10. Die negative Seite von Commitment

In vorliegender Untersuchung wurden Operationalisierungen bzw. Formen, Bedingungen und Wirkungen von organisationalem Commitment untersucht. Ist es nun aber günstig und positiv, organisationales Commitment zu fördern?

Zu Beginn der 90er Jahre war in der öffentlichen Diskussion oft von zunehmender Bindungslosigkeit die Rede, und es finden sich allerorts Plädoyers dafür, aus "Gesellschaften" wieder "Gemeinschaften" (Tönnies, 1979) zu machen (z.B. Etzioni, 1988). Tönnies (1979) unterscheidet zwei prinzipielle Formen, wie Menschen zusammenleben können. "Gemeinschaft" steht dabei für ein reales und organisches Leben, "Gesellschaft" für eine ideelle und mechanische Form des Zusammenlebens. Man kann sich in Anlehnung an Tönnies (1979) durchaus der intuitiven Verwendung der beiden Begriffe bedienen, um den Unterschied zu verstehen: Man lebt in einer häuslichen Gemeinschaft, findet sich aber in schlechter Gesellschaft; die Ehe wird als Lebens*gemeinschaft* bezeichnet, man leistet sich aber Gesellschaft, nicht Gemeinschaft. Man spricht von religiösen *Gemeinschaften* aber von Handels*gesellschaften*. Und so läßt sich zusammenfassend definieren:

"Gemeinschaft ist das dauernde und echte Zusammenleben, Gesellschaft nur ein vorübergehendes und scheinbares. Und dem ist es gemäß, daß Gemeinschaft selber als ein lebendiger Organismus, Gesellschaft als ein mechanisches Aggregat und Artefakt verstanden werden soll" (Tönnies, 1979, S.4).

Nun wurde ja bereits in der Diskussion des Ansatzes von Ouchi (1980) in Kapitel 8 erläutert, warum gegenüber Wirtschaftsorganisationen der Anspruch erhoben wurde, Ersatz für andere verlorengegangene Gemeinschaften zu sein. Man sollte nun aber nicht in das andere Extrem verfallen, die Vorzüge einer mobilen Gesellschaft zu übersehen. Schließlich gehen Gemeinschaften in aller Regel. mit einer Einschränkung persönlicher Freiheit einher. Und Sullivan (1983) hat in seiner Kritik von Ouchi (1980) darauf aufmerksam gemacht, daß dieser durchaus so verstanden werden könnte, die Wiedereinführung mittelalterlicher Organisationsformen zu fordern.

Bis zu dieser Stelle wurde als mehr oder weniger selbstverständlich vorausgesetzt, daß Commitment im Sinne der Organisation ist. Wenn man einmal von den Untersuchungen zu den negativen Effekten von Commitment auf Entscheidungen absieht, dann wurde nur selten auf die Gefahr zu hohen Commitments hingewiesen, (z.B. Mowday et al., 1982; Randall, 1987). In diesem abschließenden Kapitel sollen nun die Probleme von (zu) hohem Commitment genauer untersucht werden. Drei Thesen fassen die wichtigsten Punkte zusammen und gliedern die nachfolgenden Ausführungen:

- Organisationales Commitment ist ein guter Prädiktor von Fluktuation, aber Fluktuation kann auch im Sinne der Organisation, des Individuums und der Gesamtgesellschaft sein. Bestimmte Formen von Commitment sind aus Sicht der Organisation nicht wünschenswert, da sie nicht oder sogar negativ mit Leistung korreliert sind. Schließlich geht Commitment mit Einstellungen und Verhaltensweisen einher, die das Individuum abhängig und unbeweglich machen.

- Commitment stellt eine Form von Bindung dar, die mit anderen Bindungen konkurriert. Diese anderen Bindungen, z.B. gegenüber der Familie oder Arbeitnehmervertretungen, sind eigentlich eher im Interesse des einzelnen.

- Der Prozeß der Commitmententwicklung ist für das Individuum fatal, Commitment eskaliert und kann zu Fanatismus werden.

Diese Thesen werden im folgenden genauer untersucht. Begonnen werden soll mit einer Analyse der positiven Konsequenzen von Fluktuation, aus denen sich in Analogie negative Konsequenzen von hohem Commitment ableiten lassen.

Organisationales Commitment ist ein guter Prädiktor von Fluktuation; fortsetzungsbezogenes Commitment ist im Grund fast identisch mit geringer Fluktuation. Insofern ist es naheliegend, die positiven und negativen Konsequenzen von Fluktuation näher zu untersuchen. Die Bewertung von Fluktuation kann auf organisationaler, individueller und gesellschaftlicher Ebene erfolgen. Für alle drei Ebenen lassen sich Kosten, aber auch Nutzen aufzeigen.

Die besten Belege für den Nutzen von Fluktuation stellen Bereiche dar, in denen Fluktuation geradezu geplant wird. So werden an Universitäten und Forschungsinstituten Mitarbeiterstellen befristet. In manchen Staaten gibt es eine Wehrpflicht anstatt einer Berufsarmee, obwohl die "Fluktuation" in solchen Armeen sehr viel stärker ist. Bestimmte Fast-food-Ketten betreiben primär aus Kostengründen geplante Fluktuation. Nach Mobley (1982) kann ein solches Vorgehen ökonomisch sein, falls eine Stammbelegschaft vorhanden ist, geringe Rekrutierungskosten entstehen und die Anlernzeit minimal ist. Insgesamt handelt es sich aber bei diesen Fällen von vornherein *geplanter* Fluktuation eher um Ausnahmeerscheinungen in modernen Organisationen.

Der naheliegendste *negative* Effekt von Fluktuation für die Organisation ergibt sich aus den monetären Kosten (Verlust an Ausbildungsaufwand, Aufwand für Neurekrutierung und Abfindungen usw.). Daneben entstehen aber auch sozialpsychologische Kosten. So kann die Leistung oder Leistungsfähigkeit anderer Organisationsmitglieder beeinträchtigt werden, wenn beispielsweise von anderen Mitarbeitern Aufgaben mit übernommen werden müssen oder gar eine bestimmte Funktion im Arbeitsablauf nicht oder nur unzureichend erfüllt wird. Zudem kann die Gruppenintegration und der Zusammenhalt gestört werden, gerade wenn es sich um einen beliebten oder besonders respektierten Mitarbeiter handelt, der die Organisation verlassen hat. In einzelnen Fällen ist zudem zu bedenken, daß auch den verbliebenen Mitarbeitern durch eine Kündigung eines Kollegen die eigenen alternativen Möglichkeiten bewußt werden und dadurch ein Schneeballeffekt entstehen kann (Krackhardt & Porter, 1985).

Zu den Kosten im weiteren Sinne zählen auch überzogene oder voreilige Maßnahmen zur Reduktion der Fluktuation. Beispielsweise wird plötzlich Vorgesetzten scheinbar "besseres" Verhalten beigebracht oder es werden Gehaltserhöhungen angekündigt, aber nicht in die Tat umgesetzt. Schließlich können strategische Opportunitätskosten entstehen: Ein Mitarbeiter, der die Organisation verläßt, hinterläßt nicht nur eine Lücke, die andere mehr oder weniger improvisierend ausfüllen müssen, sondern Fluktuation verhindert oft auch Neuerungen, indem organisatorische Maßnahmen verschiedenster Art aufgrund von fehlendem Personal nicht in Angriff genommen werden.

Zu den *positiven* organisatorischen Konsequenzen von Fluktuation zählt traditionellerweise die Freisetzung wenig leistungsfähiger Mitarbeiter (McEvoy & Cascio, 1987). Eine weitere positive organisatorische Konsequenz besteht in der Verbesserung von Innovationsbereitschaft, Flexibilität und Anpassungsfähigkeit. Hier sind zum einen Vorteile zu unterscheiden, die sich aus der Fluktuation des Mitarbeiters an sich ergeben und zum anderen die Konsequenzen, die sich daraus ergeben, daß ein *neuer* Mitarbeiter die vakante Stelle besetzt. Effekte, die sich aus der Vakanz an sich ergeben, sind Anlässe zur Reorganisation, zur Reduzierung der Bürokratie (z.B. das Zusammenlegen von Positionen oder Aufgaben) oder die Einführung neuer Technologien am betreffenden Arbeitsplatz. Zudem ist es oft möglich und beabsichtigt, durch neue Mitarbeiter neues Wissen und neue Technologien in das Unternehmen einzuführen. Fluktuation gestattet interne Mobilität und eröffnet auch Karrierechancen. Hohes Commitment kann daher dann negativ für die Organisation sein, wenn die Mitarbeiter tatsächlich *nicht* für die Aufgaben geeignet sind, und sich mit der Organisation identifizieren, obwohl ihnen die Aufgaben eigentlich keinen Spaß machen; hohes Commitment kann die Flexibilität der Organisation reduzieren.[1] Innovationsbereitschaft, Flexibilität und Anpassungsbereitschaft einer Organisation können unter zu hohem Commitment leiden (z.B. Salancik, 1977; Angle & Perry, 1981); zu hohes Commitment könnte zu Überidentifikation, Fanatismus[2] führen (Mowday et al.,

---

[1] Zwei weitere positive Aspekte von Fluktuation für die Organisation seien noch vollständigkeitshalber erwähnt (Mobley, 1982), nämlich die Abnahme anderer Formen von schädlichem Verhalten (z.B. Fehlzeiten, Sabotage, Diebstahl) sowie schließlich die Reduzierung von anders nicht lösbaren Konflikten mit dem Vorgesetzten oder der Arbeitsgruppe.

[2] Zu viel Commitment dürfte dann vorliegen, wenn dies mit der Bereitschaft, auf Anweisung der Organisation auch Gesetze zu übertreten, einhergeht (Randall, 1987; Hamilton & Sanders, 1992).

1982; Randall, 1987; vgl. auch Kasten 8) und in überhöhten Erwartungen an die Organisation enden. Wenn der typische Effekt von Commitment darin besteht, daß die Mitglieder einer Organisation sich sehr stark an den Normen der Organisation orientieren, dann müßten diese zur Homogenität von Einstellungen und Werten führen. Dies könnte konservative Effekte haben, indem z.B. verstärkt an vergangenen Entscheidungen oder Traditionen festgehalten wird. Commitment verringert von daher gesehen die Vielfalt der Meinungen. Für den Fall, daß korrekte Lösungen von Problemen nicht bekannt sind, wird die Wahrscheinlichkeit, eben diese korrekte Lösung zu finden, hierdurch verringert. Doch so plausibel diese Annahme ist: Die Befundlage spricht eher für das Gegenteil: Eisenberger et al. (1990) fanden *positive* Zusammenhänge zwischen organisationalem Commitment und innovativem Verhalten (vgl. ebenso Jones, 1986; Allen & Meyer, 1990a), wobei sich dieser Zusammenhang weniger bei fortsetzungsbezogenem, sondern vor allem bei affektivem Commitment finden dürfte.

Kasten 8: Commitment in die falsche Sache: Heinrich Himmler

> Eine der zahlreichen Analysen zum Nationalsozialismus befaßt sich mit Persönlichkeitsprofilen einflußreicher Personen des Dritten Reichs. Fest (1980) bemüht sich beispielsweise zu zeigen, daß Heinrich Himmler, verantwortlich für die nationalsozialistischen Vernichtungsfabriken, gleichermaßen mittelmäßig (im Geist) und von brutalem Charakter war. Nicht zuletzt aber besaß er viel Commitment, er war *übereifrig* (wenn auch verzweifelt und stupide), *tüchtig* (wenn auch gewissenlos), er besaß eine (unmenschliche) Mischung aus *Fleiß*, *Ergebenheit* und *Durchführungsfanatismus*. Auch das ist Commitment!

Übereifriges Verhalten kann dem Arbeitgeber Probleme bereiten, kann andere Mitarbeiter irritieren und Menschen außerhalb der Organisation zu Gegnern machen (Mowday et al., 1982). Individuen mit hohem Commitment können zudem, insbesondere dann, wenn sie auch hoch produktiv sind, als überangepaßt wahrgenommen werden und Schwierigkeiten haben, von Kolleginnen oder Kollegen anerkannt zu werden.

Die besprochenen Konsequenzen für die Organisation werden den *einzelnen Mitarbeiter* weniger interessieren als die nun zu besprechenden positiven und negativen Konsequenzen für das Individuum. Der einzelne verspricht sich von einer Fluktuation bzw. von einem Stellenwechsel z.B. mehr Einkommen, eine herausfordernde Tätigkeit oder auch ein besseres Organisationsklima. Andere Aspekte sind die erhoffte Streßreduktion und allgemein eine bessere "Übereinstimmung" von Person und Organisation. Schließlich eröffnen sich neue Perspektiven für die Karriereentwicklung. Hohes Commitment kann die individuelle Entwicklung beeinträchtigen und Mobilitätschancen begrenzen (Mowday et al., 1982). In einigen Fällen ermöglicht der Arbeitsplatzwechsel zudem, eigene Werte (besser) zu verwirklichen, die nichts mit der Arbeit zu tun haben. Auch eine Anpassung an den Partner oder der Wunsch, sich an einen Ort zu verändern, an dem die Kinder eine bessere Schulbildung erhalten, kann eine Rolle spielen. Hohes Commitment kann demgegenüber bedeuten, sehr lange Jahre für eine Organisation gearbeitet zu haben, was dazu geführt hat, daß man nicht sehr viele verschiedene Fertigkeiten erworben hat, die es erlauben würden, einen besseren Arbeitsplatz in einer neuen Organisation zu finden. Ein anderer Aspekt kann die Vernachlässigung der Familie sein. Es mag auch vorkommen, daß Mitarbeiter ihre Organisation vor andern Personen verteidigen, nur um später dann festzustellen, daß sich die Organisation unverantwortlich verhalten und das hohe Ausmaß an Commitment nicht verdient hat. So fanden Brockner, Tyler und Cooper-Schneider (1992), daß Mitarbeiter mit hohem Commitment besonders negativ auf von ihnen als unfair eingeschätzte Freisetzungen von Kollegen reagierten.

Organisationales Commitment ist zunächst ein Ziel, das *Organisationen* verfolgen. Es wäre nun aber eine Illusion, davon auszugehen, daß es zwischen Individuum und Organisation keine Interessengegensätze gibt. Geht man davon aus, daß diese Gegensätze existieren und oftmals kaum vermeidbar sind, dann kann man für das Individuum einen Vorteil darin erkennen, das Verhältnis zur Organisation eher als eine Austauschbeziehung zu gestalten. Wird der einzelne dann unfair behandelt oder gar ausgebeutet, dann fällt es ihm leichter, die Organisation auch tatsächlich zu verlassen (Salancik, 1977).[3]

Abschließend bleibt noch, auf Kosten und Nutzen von Fluktuation für die *Gesellschaft* hinzuweisen. Insgesamt dürfte Fluktuation der Produktivitätssteigerung und einer geordneten Entwicklung von Organisationen eher im Wege stehen. Auf der anderen Seite ist sie aber auch Ausdruck von Mobilität und Migration in neue ökonomische Bereiche.

Wenn sich Menschen in Organisationen aufhalten, die für sämtliche Lebensbereiche zuständig sind, dann gibt es auch nur eine Form von Commitment, die entstehen kann, nämlich das Commitment zu eben dieser Organisation. Andere Organisationen können zwar um dieses Commitment konkurrieren, tun dies aber immer auch in der Form, daß sie um die Organisationsmitglieder selbst konkurrieren. Solche totale Organisationen bzw. totale Bindungen stellen jedoch die Ausnahme dar, für

---

[3] Hohes Commitment muß auch dann als negativ bezeichnet werden, wenn man das Commitment an sich nicht für gut heißen kann, wie dies z.B. bei kriminellen Karrieren der Fall ist. So erläutert Stebbins (1971), wie fortsetzungsbezogenes Commitment dadurch entstehen kann, daß mit jeglicher Veränderung des bisherigen Verhaltens Strafen drohen. Diese Strafen oder Nachteile können psychologisch, biologisch und sozial sein. Und sie können sowohl damit einhergehen, die Identität, die Erwartung oder das Verhalten beizubehalten als auch zu ändern. Ein Beispiel hierfür ist der Konsum von Drogen bzw. der Verzicht auf bzw. Entzug von Drogen; beides ist mit den drei Arten von Nachteilen verknüpft. Commitment wird man schließlich auch dann als schädlich empfinden, wenn die Ziele der Organisation zu verurteilen sind.

den neuzeitlichen Menschen ist die Mitgliedschaft in *verschiedenen* Organisationen die Regel. Organisationales Commitment kann u.a. mit dem Commitment gegenüber der *Familie* (dem Privatleben) und *anderen Organisationen* in Konflikt stehen.

Gould und Werbel (1983) untersuchten, ob sich Involvement und Identifikation von Mitarbeitern in Abhängigkeit vom beruflichen Status des Ehepartners unterscheiden. Sie fanden, daß männliche Beschäftigte weniger organisationale Identifikation und weniger Job Involvement zeigen, wenn ihre Frauen ebenfalls berufstätig waren[4]. Doppelverdiener beiderlei Geschlechts mit Kindern wiesen hingegen wiederum höhere Werte für Identifikation und Job Involvement auf als Doppelverdiener ohne Kinder. Gould und Werbel (1983) erklären dies durch die größere finanzielle Unabhängigkeit von Doppelverdienern. Eine solche Situation macht es weniger erforderlich, sich an Normen und Werte der Organisation anzupassen. Haben die Mitarbeiter aber wiederum Kinder, dann nimmt diese Erfordernis zu - und zugleich auch die finanzielle Abhängigkeit.

Nach den Ergebnissen von Gould und Werbel (1983) besteht ein Konflikt zwischen dem Involvement in die Arbeit bzw. dem organisationalen Commitment und der Qualität der Beziehung zum Partner. Warum ist es nun aber so naheliegend, *Konflikte* zwischen mehreren Commitments anzunehmen? Eine Erklärung hierfür lautet, daß hohes Commitment mit hohem Zeit- und Energieaufwand gleichgesetzt wird. Da aber Zeit und Energie begrenzt sind, gibt es auch für den Umfang an Commitment Grenzen. So meint Randall (1987), daß hohes organisationales Commitment zu Belastungen in den familiären Beziehungen führen und auch andere Sozialbeziehungen beeinträchtigen könne. Hohes Commitment könne zu Entfremdungsgefühlen führen, und Zeit und Energie, die von Individuen mit hohem Commitment anderen Organisationen gewidmet werden können, seien begrenzt (Randall, 1987).

Allerdings kann man sich durchaus vorstellen, daß aus Commitment auch "Energie gewonnen" werden kann (Marks, 1977). Zwar läßt sich die Position von Becker (1960) so interpretieren, daß das Commitment zugunsten einer bestimmten Handlungsrichtung zugleich *zulasten* einer anderen geht. Aber es gibt auch die Möglichkeit, gegenüber verschiedenen Aktivitäten Commitment zu zeigen (Marks, 1977). Erst wenn man davon ausgeht, daß die Aktivitäten, denen höheres Commitment entgegengebracht wird, auch höher *bewertet* werden, wird sich eine Tendenz ergeben, die anderen Aktivitäten zu vernachlässigen. In Übereinstimmung mit dieser Überlegung fand Romzek (1989) positive Konsequenzen von Commitment für die Zufriedenheit außerhalb der Arbeitswelt und für die individuelle Zufriedenheit mit der persönlichen Entwicklung im Unternehmen.

---

[4] Spätestens an dieser Stelle mag die Vermutung aufkommen, daß das organisationale Commitment weiblicher Arbeitnehmer geringer sei als das männlicher Arbeitnehmer. Nach Aven, Parker und McEvoy (1993) ist dies aber nicht der Fall.

Welche Erklärung[5] ist aber dafür anzuführen, daß die Beziehung positiv ist, und nicht etwa negativ, wie dies beispielsweise Randall (1987) angenommen hat? Romzek (1989) meint, daß die Annahme, daß es sich um eine Null-Summen-Spiel-Beziehung zwischen Commitment und anderen Aspekten des Lebens handle, falsch sei. Warum soll hohes Commitment beispielsweise zu Streß und Belastung außerhalb der Organisation führen? Romzek (1989) meint, daß es sich um ein Mißverständnis handle, wie Randall (1987) das Konzept "Commitment" verstanden habe. Im Gegensatz zu Zeit können nämlich Menschen ihre psychologischen Bindungen auf verschiedene Personen, Dinge oder auch Organisationen aufteilen. Psychologische Bindung an eine Arbeitsorganisation ist eben nicht das gleiche wie hohe "Absorption" oder "workaholism" (Romzek, 1989).

Konsequenzen vermeintlich konfligierender Commitments wurden auch im Zusammenhang mit der Frage untersucht, daß Commitment gegenüber *verschiedenen Organisationen* bestehen kann (z.B. Beauvais, Scholl & Cooper, 1991). Entsteht oder besteht Commitment gegenüber *zwei* Organisationen, dann kann man auch von *dualem Commitment* sprechen. Duales Commitment liegt beispielsweise dann vor, wenn Personen hohes "Involvement" sowohl gegenüber der sie beschäftigenden Organisation als auch gegenüber ihrer Gewerkschaft zum Ausdruck bringen. Tatsächlich zeigten bereits frühe Untersuchungen, daß duales Commitment - im Sinne einer positiven Korrelation zwischen Einstellungen zur Gewerkschaft und zum Arbeitgeber - durchaus häufig beobachtbar ist (Beauvais et al., 1991; vgl. auch Angle & Perry, 1986). Damit spricht auch hier wenig für die These, daß organisationales Commitment *zulasten* anderer Commitments geht.[6]

Es war vor allem die in Kapitel 3 vorgenommene Analyse, die das Phänomen des eskalierenden Commitments untersuchte. Betont man den Aspekt, daß Investitionen nach Mißerfolgen eskalieren, dann ist es einsichtig, daß Commitment negativ zu bewerten ist (vgl. aber Kasten 9). Insofern stellt sich natürlich auch die Frage, wie solches eskalierendes Commitment reduziert werden kann. Brockner und Rubin (1985) führen folgende Aspekte an: Zunächst ist es für die Individuen wichtig, vigilant zu bleiben. Dies ist unter anderem dadurch möglich, daß bestimmte Limits gesetzt werden, ab denen weitere Investitionen unterbleiben. Zudem ist denkbar, daß es günstig sein kann, das bisherige Commitment in einem positiven Rahmen (vgl. Kahneman & Tversky, 1979) zu sehen. Weitere Möglichkeiten ergeben sich aus den weiter oben angeführten Bedingungen, unter denen Commitment stärker eskaliert. Beispielsweise wird es günstig sein, wenn situative Hinweisreize über einen anstehenden Wartekonflikt informieren können, wenn die Kosten salient sind oder wenn es Ver-

---

[5] In der Diskussion ihrer Ergebnisse weist Romzek (1989) darauf hin, daß man die Ergebnisse auch "dispositional" erklären könne: Möglicherweise tendieren Personen mit hohem Involvement dazu, generell die verschiedenen Facetten ihres Lebens positiver zu sehen.

[6] Zur Weiterentwicklung des Konzept gewerkschaftlichen Commitments vgl. Newton und Shore (1992).

gleichspersonen bzw. Modelle gibt, die nicht in einen Wartekonflikt geraten (vgl. für experimentelle Demonstrationen Simonson & Staw, 1992).

Wie ist nun die Konstellation hohen Commitments in der Summe zu bewerten? Randall (1987) ist der Auffassung, daß die Kosten hohen Commitments die Vorteile überwiegen. Da die Individuen unter einer ganzen Reihe von persönlichen, familiären, sozialen und arbeitsbezogenen Problemen leiden würden, erwiesen sich die Anforderungen des Lebens in einer Organisation nicht länger als zufriedenstellend für ihre Mitglieder. Insgesamt kommt deshalb Randall (1987) zum Ergebnis, daß die allgemein angenommene lineare Beziehung zwischen Commitment und wünschbaren Konsequenzen in Frage gestellt werden sollte. Die Bedürfnisse von Individuum und Organisation würden im Falle moderaten Commitments eher in Übereinstimmung gebracht werden können (Randall, 1987).

Wie die vorstehenden Ausführungen deutlich machten, ist bisher auf empirischem Wege kein überzeugender Nachweis eines negativen Effekts von *organisationalem* Commitment gelungen. Eine Ausnahme stellen lediglich die Befunde zur Forschung über eskalierendes Commitment dar. Doch in diesen Untersuchungen (z.B. Brockner & Rubin, 1985) wurde *verhaltensbezogenes* Commitment erfaßt. Und daß zwischen diesen beiden Formen von Commitment ein Unterschied besteht, sollte mittlerweile deutlich geworden sein.

Kasten 9: Wenn eskalierendes Commitment von Vorteil ist: Hilfe bei der Aufrechterhaltung von Abstinenz

---

Obwohl insgesamt gezeigt werden konnte, daß Wartekonflikte und die Art, damit umzugehen, in der Regel von Nachteil für die direkt beteiligten Personen sind, kann die Eskalation doch auch von Vorteil sein: Durch Commitment können Individuen dazu gebracht werden, einen Verhaltensplan zu verfolgen, auch wenn die Ergebnisse der Verhaltensweisen oder Handlungen nicht bekannt und auch nicht absehbar sind (Salancik, 1977; Schwenk, 1986). Man denke etwa an das Beispiel, daß ein Raucher das Rauchen endlich für immer aufgeben will. Kann man in einem solchen Fall nicht sagen, daß es gut wäre, zu erkennen, daß man nun bereits so viel investiert hat, um nochmals rückfällig zu werden? Wäre es nicht günstig, wenn das Individuum dazu gebracht wird, zunehmend unter Druck zu geraten, das bisherige "abstinente" Verhalten rechtfertigen zu müssen? Abermals kann man auf die bereits weiter oben dargestellten Bedingungen zurückgreifen, unter denen Commitment mehr oder weniger stark auftritt, um nun auch die *Vorteile* von Wartekonflikten nutzen zu können. So sollte man beispielsweise vermeiden, über den Konflikt nachzudenken, einen Vergleich mit Modellen vorzunehmen oder Transparenz der Situation (z.B. wie schwierig es werden wird) anzustreben (Brockner & Rubin, 1985).

11. Ausblick

In den ersten fünf Kapiteln der vorliegenden Untersuchung wurde zunächst ausführlich die Entwicklung des Commitment-Konzepts beschrieben, vom strukturellen und fortsetzungsbezogenen über das verhaltensbezogene bis hin zum organisationalen (affektiven) Commitment. Im Anschluß wurde organisationales Commitment von auf die Arbeit(stätigkeit) bezogenem Involvement sowie von Arbeitszufriedenheit abgegrenzt. Dann wurden die Umstände der Entstehung und Entwicklung von organisationalem Commitment in utopischen Gesellschaften sowie in modernen Organisationen untersucht. Schließlich wurde die Frage nach den potentiellen negativen Auswirkungen von hohem Commitment gestellt.

Die Ausführungen sollen nun damit abgeschlossen werden, einige offene Fragen anzusprechen, die sich aus den bisherigen Darstellungen ergeben haben. Zunächst soll auf die Breite des Erklärungsanspruchs eingegangen werden, der mit den berichteten Ansätzen angestrebt wird. Im Anschluß wird die Frage aufgegriffen, welche Beziehung zwischen Commitment und Leistung von Mitarbeitern besteht. Dann wird die Frage gestellt, worauf sich das Commitment, das Personen gegenüber einer Organisation aufweisen, eigentlich bezieht. Und schließlich wird nochmals besprochen, warum sich in bisherigen Untersuchungen die negative Seite von Commitment nicht deutlicher hat zeigen lassen.

Erklärungsanspruch. In einer Gesellschaft zu leben, in der Wert gelegt wird auf Freiheit, Autonomie, Selbstverwirklichung und Mobilität, bedeutet auch zu beobachten, daß Scheidungsraten zunehmen, Kinder nur mit einem Elternteil aufwachsen, religiöse Bindungen verloren gehen, Nachbarn sich nicht mehr kennen u.v.m. In dieses Bild eines allgemeinen Bindungsverlusts fügt sich nahtlos die Beobachtung ein, daß auch Beschäftigungsverhältnisse instabiler werden, daß es zunehmend unwahrscheinlicher wird, daß jemand sein ganzes Arbeitsleben lang den gleichen Arbeitgeber hat. Wenn die Annahme zutrifft, daß es sich um jeweils vergleichbare Phänomene handelt, daß sich die Frage des Zustandekommens und der Aufrechterhaltung stabiler Beziehungen in ganz verschiedenen Realitätsbereichen auf die gleiche Art beantworten läßt, dann ist der Erklärungsanspruch der in dieser Untersuchung vorgelegten Ansätze hoch. Wir hatten in Kapitel 3 gesehen, daß eine Vielzahl von Alltagssituationen als „Wartekonflikte" analysiert werden können, und in Kapitel 4 wurde das Investionsmodell, wonach verhaltensbezogenes Commitment aus Zufriedenheit, Alternativenqualität und Investitionen resultiert, sowohl auf die Stabilität romantischer Beziehungen als auch auf das Fortbestehen von Beschäftigungsverhältnissen angewandt. Dem steht allerdings entgegen, daß das Commitment-Konzept in den letzten Jahrzehnten zumindest teilweise einem Bedeutungswandel unterworfen war. Zum einen steht "lebenslanges Commitment" für eine (arbeits-)lebenslange Beschäftigung und damit für fortsetzungsbezogenes Commitment. Commitment steht aber auch für eine besonders starke Loyalität der Mitarbeiter und schließlich für die Übereinstimmung von Werten und Überzeugungen zwischen Individuum und Organisation. Mit vorliegender Untersuchung wird dafür plädiert, jeweils deutlich zu machen, was gemeint ist, wenn von „Commitment" die Rede ist.

Commitment und Leistung. In der vorliegenden Untersuchung wurde zunächst in ausführlicher Form die Entwicklung des Commitmentbegriffs beschrieben. Organisationales Commitment im Sinne von Mowday et al. (1982) umfaßt neben Identifikation mit der Organisation auch Anstrengungsbereitschaft sowie geringe Fluktuationsneigung. Diese Operationalisierung von Commitment liegt auch den meisten bisherigen Untersuchungen zugrunde. Daß organisationales Commitment Fluktuation vorhersagt, wurde wiederholt berichtet. Hingegen zeigt sich ein nur schwacher positiver Zusammenhang zwischen organisationalem Commitment und individueller Leistung (Randall, 1990). Ist es dann aber wirklich „nützlich", organisationales Commitment zu fördern? Eine Antwort lautet, daß es die Senkung von *Transaktionskosten* ist, was z.B. nach Ouchi (1980) zu höherer Produktivität der *Organisation* führt. Im Falle von hohem Commitment der Mitarbeiter kann z.B. auf die Bezahlung von Rechtsanwälten, die das Unternehmen vor dem Arbeitsgericht vertreten, verzichtet werden oder es werden Arbeitskämpfe vermieden.[1] Zudem ist hohes Commitment vor allem dann von Bedeutung ist, wenn die verläßliche Beurteilung individueller Leistung Schwierigkeiten bereitet.

Es gibt noch einen Ansatz, nach Zusammenhängen zwischen Commitment und Leistung zu suchen. Was bereits Katz (1964) betont hatte, daß nämlich das effektive Funktionieren einer Organisation Verhaltensweisen bedarf, die über Rollenvorschriften hinausgehen, wurde jüngst wieder unter dem Stichwort "organizational citizenship behavior" (Organ, 1988) thematisiert. Organisationen sind auf Kooperation, Altruismus und spontane Hilfe unter den Mitarbeitern angewiesen ebenso wie auf innovative Verhaltensweisen. All diese Verhaltensweisen erfordern mehr als "compliance" und dies bildet eine der Grundlagen für das Interesse an Commitment, das nicht lediglich kalkulatives Resultat des Abwägens der von Individuum und Organisation eingebrachten Ressourcen ist. Es sei darauf hingewiesen, daß von Organ (1988) das "organizational citizenship behavior" angeführt wurde, um aufzuzeigen, daß es Bedingungen geben könnte, unter denen *Arbeitszufriedenheit* und Leistung einen stärkeren Zusammenhang aufweisen: Wer zufrieden ist, ist eher kooperativ und hilfsbereit (McNeely & Meglino, 1994). Dies mag zwar nicht Bestandteil *individuel-*

---

[1] Die Forderung, daß Organisationen das Commitment ihrer Mitarbeiter fördern sollten, hat sowohl ökonomische als auch moralische Hintergründe. Der ökonomische Nutzen besteht in der Annahme, Transaktionskosten senken und damit Produktivität steigern zu können. Der moralische Nutzen besteht darin, in einer Gesellschaft, in der Wertverluste und Bindungslosigkeit beklagt werden, Organisationen zu schaffen, welche die Entwicklung von Bindungen ermöglichen und zur Stabilisierung sozialer Verhältnisse beitragen.

ler Leistungsbeurteilung sein, etwa weil es sich um von Vorgesetzten nicht beachtete, selten auftretende oder für selbstverständlich gehaltene Verhaltensweisen handelt. Dennoch trägt dieses Verhalten zum Erfolg der *Organisation* bei. Da nun organisationales Commitment und Arbeitszufriedenheit hoch korreliert sind, könnte eine ähnliche Wirkung von organisationalem Commitment erwartet werden (vgl. Gregersen, 1993).

Foci von Commitment. In einer der ersten Untersuchungen zum organisationalen Commitment verwies Gouldner (1960) darauf, daß man neben dem *Grad* auch die *Form* von organisationalem Commitment genauer untersuchen müsse. Der Grad organisationalen Commitments reicht von Fanatismus auf der einen Seite bis zur Apathie auf der anderen Seite. Was die Formen von Commitment betrifft, so untersuchte Gouldner (1960) die These, daß es sich bei Commitment um ein multidimensionales Phänomen handelt. Die Autorin verweist auf Simon, Smithburg und Thompson (1950), die die Auffassung vertreten, daß man zumindest Commitment gegenüber der *Organisation als ganze* unterscheiden solle von Commitment gegenüber spezifischen Werten, Verfahrensweisen oder Zielen. Zudem äußert Gouldner (1960) die Vermutung, daß die Personen, deren Commitment darauf basiert, daß es auf *bestimmte* Ziele der Organisation gerichtet ist, für den Fall, daß die Ziele erreicht oder geändert worden sind, die Organisationen mit höherer Wahrscheinlichkeit verlassen könnten bzw. sich zurückziehen könnten als die Personen, deren Commitment sich auf die Organisation *als solche* bezieht. In ihrer eigenen Untersuchung konnte Gouldner (1960) zeigen, daß Commitment tatsächlich auf verschiedene Teilfacetten zurückgeführt werden kann. So lauten zwei der gewonnenen Dimensionen "kosmopolitische Integration" (Aktivität im Sinne der Organisation und das Gefühl, ein Bestandteil dieser bestimmten bzw. spezifischen Organisation zu sein) und "organisationale Introjektion" (das ideale Selbstbild enthält verschiedene organisational positiv bewertete Qualitäten und Überzeugungen); zu den Aspekten von Commitment zählen aber auch beispielsweise Kenntnis und Bewußtheit von organisationalen Werten und Verfahrensweisen sowie die Exklusivität der Mitgliedschaft in der Organisation. Insgesamt gibt die Untersuchung von Gouldner (1960) Hinweise darauf, daß man das Konzept Commitment durchaus differenziert betrachten kann und daß sich die Foci unterscheiden können. Neuerdings wurde abermals gefragt, worin denn nun der *Focus* von Commitment besteht. Anknüpfend an Reichers (1985, 1986) unterscheidet Becker (1992; vgl. auch Becker & Billings, 1993; Gregersen, 1993) die Organisation, das Topmanagement, den direkten Vorgesetzten und die Arbeitsgruppe als potentielle Foci von Commitment. Zur abschließenden Bewertung der Zweckmäßigkeit dieser Unterscheidung liegen aber noch zu wenige Untersuchungen vor.

Die negative Seite von Commitment. Überraschend scheint auch das Ergebnis zu sein, wonach organisationales Commitment bisher immer einen positiven Zusammenhang mit - von der Organisation - erwünschtem Verhalten aufwies und sich für das Individuum ebenfalls keine negativen Begleiterscheinungen gezeigt haben. Denn Überlegungen wie die, daß Personen mit hohem Commitment eigentlich unflexibel sein müßten, zu Fanatismus neigen oder ihre Familie vernachlässigen, waren doch sehr plausibel. Die Annahme liegt nahe, daß in den bisherigen empirischen Untersuchungen die „fanatischen" Formen von Commitment einfach nicht mit erfragt worden sind, daß also die verwendeten Items in dieser Hinsicht nicht deutlich genug formuliert waren. Vielleicht aber zeigt dieses Ergebnis, daß Personen, die auch gegenüber *Organisationen* bindungsfähig und -willig sind, über eine persönliche Reife verfügen, deren es in unseren modernen Zeiten vielen anderen Menschen fehlt.

Literatur

Abegglen, J.C. (1958). *The Japanese factory.* New York: Free Press.
Agho, A.O., Mueller, C.W. & Price, J.L. (1993). Determinants of employee job satisfaction: An empirical test of a causal model. *Human Relations, 46,* 1007-1027.
Allen, N.J. & Meyer, J.P. (1990a). Organizational socialization tactics: A longitudinal analysis of links to newcomers' commitment and role orientation. *Academy of Management Journal, 33,* 847-858.
Allen, N.J. & Meyer, J.P. (1990b). The measurement and antecedents of affective, continuance and normative commitment to the organization. *Journal of Occupational Psychology, 63,* 1-18.
Alutto, J.A., Hrebiniak, L.G. & Alonso, R.C. (1973). On operationalizing the concept of commitment. *Social Forces, 51,* 448-454.
Angle, H.L. & Perry, J.L. (1981). An empirical assessment of organizational commitment and organizational effectiveness. *Administrative Science Quarterly, 26,* 1-14.
Angle, H.L. & Perry, J.L. (1986). Dual commitment and labor-management relationship climates. *Academy of Management Journal, 29,* 31-50.
Aven, F.F., Parker, B. & McEvoy, G.M. (1993). Gender and attitudinal commitment to organizations: A meta-analysis. *Journal of Business Research, 26,* 63-73.
Barnard, C.I. (1968). *The functions of the executive.* Cambridge, MA: Harvard University Press.
Bateman, T.S. & Strasser, S. (1984). A longitudinal analysis of the antecedents of organizational commitment. *Academy of Management Journal, 27,* 95-112.
Beauvais, L.L, Scholl, R.W. & Cooper, E.A. (1991). Dual commitment among unionized faculty: A longitudinal investigation. *Human Relations, 44,* 175-192.
Becker, H.S. (1960). Notes on the concept of commitment. *American Journal of Sociology, 66,* 32-40.
Becker, H.S. (1964). Personal change in adult life. *Sociometry, 27,* 40-53.
Becker, T.E. (1992). Foci and bases of commitment: Are they distinctions worth making? *Academy of Management Journal, 35,* 232-244.
Becker, T.E. & Billings, R.S. (1993). Profiles of commitment: An empirical test. *Journal of Organizational Behavior, 14,* 177-190.
Blankenship, A.B. (1939). Methods of measuring industrial morale. In G.W. Hartmann & T. Newcomb (Eds.), *Industrial conflict: A psychological interpretation* (pp. 299-312). New York: Ayer.
Blau, G.J. & Boal, K.B. (1987). Conceptualizing how job involvement and organizational commitment affect turnover and absenteeism. *Academy of Management Review, 12,* 288-300.
Blau, G. & Boal, K. (1989). Using job involvement and organizational commitment interactively to predict turnover. *Journal of Management, 15,* 115-127.
Blau, P.M. & Scott, W.R. (1962). *Formal organizations.* San Francisco: Scott, Foreman.
Bowen, M.G. (1987). The escalation phenomenon reconsidered: Decision dilemmas or decision errors? *Academy of Management Review, 12,* 52-66.

Breaugh, J.A. (1981). Relationships between recruiting sources and employee performance, absenteeism, and work attitudes. *Academy of Management Journal, 24*, 142-147.

Brief, A.P., Burke, M.J., Atieh, J.M., Robinson, B.S. & Webster, J. (1988). Should negative affectivity remain an unmeasured variable in the study of job stress? *Journal of Applied Psychology, 73*, 193-198.

Brockner, J., Houser, R., Birnbaum, G., Lloyd, K., Deitcher, J., Nathanson, S. & Rubin, J.Z. (1986). Escalation of commitment to an ineffective course of action: The effect of feedback having negative implications for self-identity. *Administrative Science Quarterly, 31*, 109-126.

Brockner, J. & Rubin, J.Z. (1985). *Entrapment in escalating conflicts.* New York: Springer.

Brockner, J., Tyler, T.R. & Cooper-Schneider, R. (1992). The influence of prior commitment to an institution on reactions to perceived unfairness: The higher they are, the harder they fall. *Administrative Science Quarterly, 37*, 241-261.

Brooke, P.P.jr., Russell, D. & Price, J.L. (1988). Discriminant validation of measures of job satisfaction, job involvement, and organizational commitment. *Journal of Applied Psychology, 73*, 139-145.

Brown, M.E. (1969). Identification and some conditions of organizational involvement. *Adminstrative Science Quarterly, 14*, 346-355.

Buchanan, B. II (1974). Building organizational commitment: The socialization of managers in work organizations. *Administrative Science Quarterly, 19*, 533-546.

Caldwell, D.F., Chatman, J.A. & O'Reilly, C.A.III (1990). Building organizational commitment: A multifirm study. *Journal of Occupational Psychology, 63*, 245-261.

Carsten, J.M. & Spector, P.E. (1987). Unemployment, job satisfaction, and employee turnover: A meta-analytic test of the Muchinsky model. *Journal of Applied Psychology, 72*, 374-381.

Clark, R.C. (1979). *The Japanese company.* New Haven: Yale University Press.

Coase, R.H. (1937). The nature of the firm. *Economica, new series, 4*, 386-405.

Cohen, A. (1991). Career stage as a moderator of the relationships between organizational commitment and its outcomes: A meta-analysis. *Journal of Occupational Psychology, 64*, 253-268.

Cohen, A. & Lowenberg, G. (1990). A re-examination of the side-bet theory as applied to organizational commitment: A meta-analysis. *Human Relations, 43*, 1015-1050.

Conrad, P. (1988). *Involvement-Forschung.* Berlin: De Gruyter.

Cook, J.D., Hepworth, S.J., Wall, T.D. & Warr, P.B. (1981). *The experience of work.* London: Academic Press.

Csikszentmihalyi, M. (1985). *Das Flowerlebnis.* Stuttgart: Klett.

Curry, J.P., Wakefield, D.S., Price, J.L. & Mueller, C.W. (1986). On the causal ordering of job satisfaction and organizational commitment. *Academy of Management Journal, 29*, 847-858.

Dougherty, T.W., Bluedorn, A.C. & Keon, T.L. (1985). Precursors of employee turnover: A multiple-sample causal analysis. *Journal of Occupational Behavior, 6*, 259-271.

Drigotas, S.M. & Rusbult, C.E. (1992). Should I stay or should I go? A dependence model of breakups. *Journal of Personality and Social Psychology, 62*, 62-87.

Dubin, R. (1956). Industrial workers' worlds: A study of the "central life interests" of industrial workers. *Social Problems, 3*, 131-142.
Dubin, R., Champoux, J.E. & Porter, L.W. (1975). Central life interests and organizational commitment of blue-collar and clerical workers. *Administrative Science Quarterly, 20*, 411-421.
Eagly, A.H. & Chaiken, S. (1993). *The psychology of attitudes.* Fort Worth: Harcourt.
Eisenberger, R., Fasolo, P. & Davis-LaMastro, V. (1990). Perceived organizational support and employee diligence, commitment, and innovation. *Journal of Applied Psychology, 75*, 51-59.
Etzioni, A. (1964). *Modern organizations.* Englewood Cliffs, NJ: Prentice-Hall.
Etzioni, A. (1988). *The moral dimension.* New York: Free Press.
Etzioni, A. (1994). *Jenseits des Egoismus-Prinzips.* Stuttgart: Schaeffer-Poeschel.
Falcone, G. & Padovani, M. (1993). *Mafia intern.* München: Knaur.
Farkas, A.J. & Tetrick, L.E. (1989). A three-wave longitudinal analysis of the causal ordering of satisfaction and commitment on turnover decisions. *Journal of Applied Psychology, 74*, 855-868.
Farrell, D. & Rusbult, C.E. (1981). Exchange variables as predictors of job satisfaction, job commitment, and turnover: The impact of rewards, costs, alternatives, and investments. *Organizational Behavior and Human Performance, 27*, 78-95.
Farrell, D. & Rusbult, C.E. (1992). Exploring the exit, voice, loyalty, and neglect typology: The influence of job satisfaction, quality of alternatives, and investment size. *Employee Responsibilities and Rights Journal, 5*, 201-218.
Fest, J.C. (1980). *Das Gesicht des Dritten Reiches.* München: Piper.
Fichman, M. & Levinthal, D.A. (1991). Honeymoons and the liability of adolescence: A new perspective on duration dependence in social and organizational relationships. *Academy of Management Review, 16*, 442-468.
Fiske, A.P. (1993). The four elementary forms of sociality: Framework for a unified theory of social relations. *Psychological Review, 99*, 689-723.
Furnham, A. & Zacherl, M. (1986). Personality and job satisfaction. *Personality and Individual Differences, 7*, 453-459.
Gaertner, K.N. & Nollen, S.D. (1989). Career experiences, perceptions of employment practices, and psychological commitment to the organization. *Human Relations, 42*, 975-991.
Gerhart, B. (1990). Voluntary turnover and alternative job opportunities. *Journal of Applied Psychology, 75*, 467-476.
Glisson, C. & Durick, M. (1988). Predictors of job satisfaction and organizational commitment in human service organizations. *Administrative Science Quarterly, 33*, 61-81.
Gould, S. & Werbel, J.D. (1983). Work involvement: A comparison of dual wage earner and single wage earner families. *Journal of Applied Psychology, 68*, 313-319.
Gouldner, A. (1958). Cosmopolitans and locals: Towards an analysis of latent social roles. *Administrative Science Quarterly, 2*, 281-306.
Gouldner, H.P. (1960). Dimensions of organizational commitment. *Administrative Science Quarterly, 4*, 468-490.
Graddick, M.M. & Farr, J.L. (1983). Professionals in scientific disciplines: Sex-related differences in working life commitments. *Journal of Applied Psychology, 68*, 641-645.

Gregersen, H.B. (1993). Multiple commitments at work and extrarole behavior during three stages of organizational tenure. *Journal of Business Research, 26*, 31-47.

Hackman, J.R. & Lawler, E.E.III (1971). Employee reactions to job characteristics. *Journal of Applied Psychology Monograph, 55*, 259-286.

Hall, D.T., Goodale, J.G., Rabinowitz, S. & Morgan, M.A. (1978). Effects of top-down departmental and job change upon perceived employee behavior and attitudes: A natural field experiment. *Journal of Applied Psychology, 63*, 62-72.

Hall, D.T., Schneider, B. & Nygren, H.T. (1970). Personal factors in organizational identification. *Administrative Science Quarterly, 15*, 176-190.

Hamilton, V.L. & Sanders, J. (1992). Responsibility and risk in organizational crimes of obedience. In L.L. Cummings & B.M. Staw (Eds.), *Research in Organizational Behavior* (Vol. 14, pp. 49-90). Greenwich, CT: JAI Press.

Hatvany, N. & Pucik, V. (1981). Japanese management practices and productivity. *Organizational Dynamics, 9* (4), 5-21.

Herzberg, F., Mausner, B. & Snyderman, B. (1959). *The motivation to work*. New York: Wiley.

Hirschman, A.O. (1974). *Abwanderung und Widerspruch*. Tübingen: Mohr.

Hofstede, G. (1980). *Culture's consequences*. Beverly Hills, Ca: Sage.

Holland, J.L. (1985). *Making vocational choices*. Englewood Cliffs, NJ: Prentice Hall.

Hrebiniak, L.G. & Alutto, J.A. (1972). Personal and role-related factors in the development of organizational commitment. *Administrative Science Quarterly, 17*, 555-573.

Hulin, C.L. & Blood, M.R. (1968). Job enlargement, individual differences, and worker responses. *Psychological Bulletin, 69*, 41-55.

Hulin, C.L., Roznowski, M. & Hachiya, D. (1985). Alternative opportunities and withdrawal decisions: Empirical and theoretical discrepancies and an integration. *Psychological Bulletin, 97*, 233-250.

Huselid, M.A. & Day, N.E. (1991). Organizational commitment, job involvement, and turnover: A substantive and methodological analysis. *Journal of Applied Psychology, 76*, 380-391.

Johnston, M.W., Parasuraman, A., Futrell, C.M. & Black, W.C. (1990). A longitudinal assessment of the impact of selected organizational influences on salespeople's organizational commitment during early employment. *Journal of Marketing Research, 27*, 333-344.

Jones, G.R. (1986). Socialization tactics, self-efficacy, and newcomers' adjustments to organizations. *Academy of Management Journal, 29*, 262-279.

Kagan, J. (1958). The concept of identification. *Psychological Review, 65*, 296-305.

Kahneman, D. & Tversky, A. (1979). Prospect theory: An analysis of decision under risk. *Econometrics, 47*, 263-291.

Kanter, R.M. (1968). Commitment and social organization: A study of commitment mechanisms in utopian communities. *American Sociological Review, 33*, 499-517.

Kanter, R.M. (1972). *Commitment and community*. Cambridge, MA: Harvard University Press.

Kanungo, R.N. (1979). The concepts of alienation and involvement revisited. *Psychological Bulletin, 86*, 119-138.

Kanungo, R.N. (1982). Measurement of job and work involvement. *Journal of Applied Psychology, 67*, 341-349.

Kanungo, R.N., Misra, S.B. & Dayal, I. (1975). Relationship of job involvement to perceived importance and satisfaction of employee needs. *International Review of Applied Psychology, 24*, 49-59.

Katz, D. (1964). The motivational basis of organizational behavior. *Behavioral Science, 9*, 131-146.

Kelley, H.H. & Thibaut, J.W. (1978). *Interpersonal relations: A theory of interdependence.* New York: Wiley.

Kelman, H.C. (1958). Compliance, identification, and internalization: Three processes of attituded change. *Journal of Conflict Resolution, 2*, 51-60.

Kelman, H.C. (1961). Processes of opinion change. *Public Opinion Quarterly, 25*, 57-78.

Kidron, A. (1978). Work values and organizational commitment. *Academy of Management Journal, 21*, 239-247.

Kiesler, C.A. (1971). *The psychology of commitment.* New York: Academic Press.

Kline, C.J. & Peters, L.H. (1991). Behavioral commitment and tenure of new employees: A replication and extension. *Academy of Management Journal, 34*, 194-204.

Kotter, J.P. (1973). The psychological contract: Managing the joining-up process. *California Management Review, 15*, 91-99.

Krackhardt, D. & Porter, L.W. (1985). When friends leave: A structural analysis of the relationship between turnover and stayers' attitudes. *Administrative Science Quarterly, 30*, 242-261.

Lawler, E.E.III, Hackman, J.R. & Kaufman, S. (1973). Effects of job redesign: A field experiment. *Journal of Applied Social Psychology, 3*, 49-62.

Lawler, E.E.III & Hall, D.T. (1970). Relationship of job characteristics to job involvement, satisfaction, and intrinsic motivation. *Journal of Applied Psychology, 54*, 305-312.

Lawler, E.E.III., Kuleck, W.J., Rhode, J.G. & Sørensen, J.E. (1975). Job choice and post decision dissonance. *Organizational Behavior and Human Performance, 13*, 133-145.

Lawler, E.J.III & Yoon, J. (1993). Power and the emergence of commitment behavior in negotiated exchange. *American Sociological Review, 58*, 465-481.

Leck, J.D. & Saunders, D.M. (1992). Hirschman's loyalty: Attitude or behavior? *Employee Responsibilities and Rights Journal, 5*, 219-230.

Lee, T.W. & Mowday, R.T. (1987). Voluntarily leaving an organization: An empirical investigation of Steers and Mowday's model of turnover. *Academy of Management Journal, 30*, 721-743.

Lincoln, J.R. & Kalleberg, A.L. (1985). Work organization and workforce commitment: A study of plants and employees in the U.S. and Japan. *American Sociological Review, 50*, 738-760.

Locke, E.A. (1976). The nature and causes of job satisfaction. In M.D. Dunnette (Ed.), *Handbook of industrial and organizational psychology* (pp. 1297-1349). Chicago: Rand McNally.

Lodahl, T. & Kejner, M. (1965). The definition and measurement of job involvement. *Journal of Applied Psychology, 49*, 24-33.

Lorence, J. & Mortimer, J.T. (1981). Work experience and work involvement. *Sociology of Work and Occupations, 8*, 297-326.

Lorence, J. & Mortimer, J.T. (1985). Job involvement through the life course: A panel study of three age groups. *American Sociological Review, 50*, 618-638.

Luhmann, N. (1989). *Vertrauen. Ein Mechanismus der Reduktion sozialer Komplexität.* Stuttgart: Enke.

Luthans, F., McCaul, H.S. & Dodd, N.G. (1985). Organizational commitment: A comparison of American, Japanese, and Korean employees. *Academy of Management Journal, 28*, 213-219.

March, J.G. & Simon, H.A. (1958). *Organizations.* New York: Wiley.

Marks, S.R. (1977). Multiple roles and role strain: Some notes on human energy, time and commitment. *American Sociological Review, 42*, 921-936.

Marsh, R.M. & Mannari, H. (1971). Lifetime commitment in Japan: Roles, norms, and values. *American Journal of Sociology, 76*, 795-812.

Mathieu, J.E. & Farr, J.L. (1991). Further evidence for the discriminant validity of measures of organizational commitment, job involvement, and job satisfaction. *Journal of Applied Psychology, 76*, 127-133.

Mathieu, J.E. & Zajac, D.M. (1990). A review and meta-analysis of the antecedents, correlates, and concequences of organizational commitment. *Psychological Bulletin, 108*, 171-194.

Maurer, J.G. (1968). Work as a "central life interest" of industrial supervisors. *Academy of Management Journal, 11*, 329-339.

Mayer, R.C. & Schoorman, F.D. (1992). Predicting participation and production outcomes through a two-dimensional model of organzational commitment. *Academy of Management Journal, 35*, 671-684.

Mayo, E. (1945). *The social problems of an industrial civilization.* Boston: Division of Research, Graduate School of Business Administration, Harvard University.

McEvoy, G.M. & Cascio, W.F. (1987). Do good or poor performers leave? A meta-analysis of the relationship between performance and turnover. *Academy of Management Journal, 30*, 744-762.

McGee, G.W. & Ford, R.C. (1987). Two (or more?) dimensions of organizational commitment: Reexamination of the affective and continuance commitment scales. *Journal of Applied Psychology, 72*, 638-641.

McKelvey, B. & Sekaran, U. (1977). Toward a career-based theory of job involvement: A study of scientists and engineers. *Administrative Science Quarterly, 22*, 281-305.

McNeely, B.L. & Meglino, B.M. (1994). The role of dispositional and situational antecedents in prosocial organizational behavior: An examination of the intended beneficiaries of prosocial behavior. *Journal of Applied Psychology, 79*, 836-844.

Meyer, J.P. & Allen, N.J. (1984). Testing the "side-bet theory" of organizational commitment: Some methodological considerations. *Journal of Applied Psychology, 69*, 372-378.

Meyer, J.P., Allen, N.J. & Gellatly, I.R. (1990). Affective and continuance commitment to the organization: Evaluation of measures and analysis of concurrent and time-lagged relations. *Journal of Applied Psychology, 75*, 710-720.

Meyer, J.P., Allen, N.J. & Smith, C.A. (1993). Commitment to organizations and occupations: Extension and test of a three-component conceptualization. *Journal of Applied Psychology, 78*, 538-551.

Meyer, J.P. Paunonen, S.V., Gellatly, I.R., Goffin, R.D. & Jackson, D.N. (1989). Organizational commitment and job performance: It's the nature of the commitment that counts. *Journal of Applied Psychology, 74*, 152-156.
Misra, S.B., Kanungo, R.N., Rosenstiel, L. v. & Stuhler, E.A. (1985). The motivational formulation of job and work involvement: A cross-national study. *Human Relations, 38*, 501-518.
Mobley, W.H. (1982). *Employee turnover: Causes, consequences, and control.* Reading, Mass: Addison-Wesley.
Morrow, P.C. (1983). Concept redundancy in organizational research: The case of work commitment. *Academy of Management Review, 8*, 486-500.
Mortimer, J.T. & Lorence, J. (1989). Satisfaction and involvement: Disentangling a deceptively simple relationship. *Social Psychology Quarterly, 52*, 249-265.
Moser, K. (1991). *Konsistenz der Person.* Göttingen: Hogrefe.
Moser, K. (1992). *Personalmarketing. Eine Einführung.* München: Quintessenz.
Moser, K. (1994). *Commitment, Arbeitszufriedenheit und wahrgenommene Alternativen als Prädiktoren der Fluktuationsneigung* (Unveröffentlichtes Manuskript) Universität Hohenheim.
Moser, K. (1995). Vergleich unterschiedlicher Wege der Gewinnung neuer Mitarbeiter. *Zeitschrift für Arbeits- und Organisationspsychologie, 39*, 104-114.
Moser, K. & Schuler, H. (1993a). *Entwicklung einer Involvement-Skala* (Vortrag bei der 2. Arbeitstagung "Differentielle Psychologie, Persönlichkeitspsychologie und Psychologische Diagnostik") Bielefeld.
Moser, K. & Schuler, H. (1993b). Validität einer deutschsprachigen Involvement-Skala. *Zeitschrift für Differentielle und Diagnostische Psychologie, 14*, 27-36.
Mowday, R.T. & McDade, T.W. (1979). *Linking behavioral and attitudinal commitment: A longitudinal analysis of job choice and job attitudes.* Paper presented at the annual meeting of the Academy of Management.
Mowday, R.T., Porter, L.W. & Dubin, R. (1974). Unit performance, situational factors, and employee attitudes in spatially separated work units. *Organizational Behavior and Human Performance, 12*, 231-248.
Mowday, R., Porter, L. & Steers, R. (1982). *Employee-organization linkages. The psychology of commitment, absenteeism and turnover.* New York: Academic Press.
Mowday, R.T., Steers, R.M. & Porter, L.W. (1979). The measurement of organizational commitment. *Journal of Vocational Behavior, 14*, 224-247.
Murphy, K.R. (1993). *Honesty in the workplace.* Belmont, CA: Brooks/Cole.
Newton, L.A. & Shore, L.M. (1992). A model of union membership: Instrumentality, commitment, and opposition. *Academy of Management Review, 17*, 275-298.
Northcraft, G.B. & Wolf, G. (1984). Dollars, sense, and sunk costs: A life cycle model of resource allocation decisions. *Academy of Management Review, 9*, 225-234.
O'Reilly, C.A.III & Caldwell, D.F. (1981). The commitment and job tenure of new employees: Some evidence of postdecisional justification. *Administrative Science Quarterly, 25*, 597-616.
O'Reilly, C.A.III & Chatman, J. (1986). Organizational commitment and psychological attachment: The effects of compliance, identification, and internalization on prosocial behavior. *Journal of Applied Psychology, 71*, 492-499.

Oliver, N. (1990). Rewards, investments, alternatives and organizational commitment: Empirical evidence and theoretical development. *Journal of Occupational Psychology, 63,* 19-31.

Organ, D.W. (1988). *Organizational citizenship behavior.* Lexington, MA: Lexington Books.

Orpen, C. (1979). The effects of job enrichment on employee satisfaction, motivation, involvement and performance: A field experiment. *Human Relations, 32,* 189-217.

Ouchi, W.G. (1980). Markets, bureaucracies, and clans. *Administrative Science Quarterly, 25,* 129-141.

Ouchi, W.G. & Jaeger, A.M. (1978). Type Z organization: Stability in the midst of mobility. *Academy of Management Review, 3,* 305-314.

Park, K.K. (1983). *Führungsverhalten in unterschiedlichen Kulturen.* Mannheim: Forschungsstelle für Betriebswirtschaft und Sozialpraxis e.V.

Peters, L.H., Bhagat, R.S. & O'Connor, E.J. (1981). An examination of the independent and joint contributions of organizational commitment and job satisfaction on employee intentions to quit. *Group & Organization Studies, 6,* 73-82.

Pfeffer, J. & Lawler, J. (1980). Effects of job alternatives, extrinsic rewards, and behavioral commitment on attitude toward the organization: A field test of the insufficient justification paradigm. *Administrative Science Quarterly, 25,* 38-56.

Pond, S.B.III & Geyer, P.D. (1987). Employee age as a moderator of the relation between perceived work alternatives and job satisfaction. *Journal of Applied Psychology, 72,* 552-557.

Porter, L.W., Crampon, W.J. & Smith, F.J. (1976). Organizational commitment and managerial turnover: A longitudinal study. *Organizational Behavior and Human Performance, 15,* 87-98.

Porter, L.M., Steers, R.M., Mowday, R.T. & Boulian, P.V. (1974). Organizational commitment, job satisfaction, and turnover among psychiatric technicians. *Journal of Applied Psychology, 59,* 603-609.

Rabinowitz, S. & Hall, D.T. (1977). Organizational research on job involvement. *Psychological Bulletin, 84,* 265-288.

Rabinowitz, S. & Hall, D.T. (1981). Changing correlates of job involvement in three career stages. *Journal of Vocational Behavior, 18,* 138-144.

Randall, D.M. (1987). Commitment and the organization: The organization man revisited. *Academy of Management Review, 12,* 460-471.

Randall, D.M. (1990). The consequences of organizational commitment: Methodological investigation. *Journal of Organizational Behavior, 11,* 361-378.

Randall, D.M. (1993). Cross-cultural research on organizational commitment: A review and application of Hofstede's value survey module. *Journal of Business Research, 26,* 91-110.

Reichers, A.E. (1985). A review and reconceptualization of organizational commitment. *Academy of Management Review, 10,* 465-476.

Reichers, A.E. (1986). Conflict and organizational commitments. *Journal of Applied Psychology, 71,* 508-514.

Rhodes, S.R. (1983). Age-related differences in work attitudes and behavior: A review and conceptual analysis. *Psychological Bulletin, 93,* 328-367.

Ritzer, G. & Trice, H.M. (1969). An empirical study of Howard Becker's side-bet theory. *Social Forces, 47,* 475-478.

Rogosa, D. (1980). A critique of cross-lagged correlation. *Psychological Bulletin, 88,* 245-258.
Romzek, B.S. (1989). Personal consequences of employee commitment. *Academy of Management Journal, 32,* 649-661.
Rosin, H.M. & Korabik, K. (1991). Workplace variables, affective responses, and intention to leave among women managers. *Journal of Occupational Psychology, 64,* 317-330.
Ross, J. & Staw, B.M. (1986). Expo 86: An escalation prototype. *Administrative Science Quarterly, 31,* 274-297.
Rubin, J.Z. & Brockner, J. (1975). Factors affecting entrapment in waiting situations: The Rosencrantz and Guildenstern effect. *Journal of Personality and Social Psychology, 31,* 1054-1063.
Rusbult, C.E. (1980a). Commitment and satisfaction in romantic associations: A test of the investment model. *Journal of Experimental Social Psychology, 16,* 172-186.
Rusbult, C.E. (1980b). Satisfaction and commitment in friendship. *Representative Research in Social Psychology, 11,* 96-105.
Rusbult, C.E. (1983). A longitudinal test of the investment model: The development (and deterioration) of satisfaction and commitment in heterosexual involvements. *Journal of Personality and Social Psychology, 45,* 101-117.
Rusbult, C.E. & Farrell, D. (1983). A longitudinal test of the investment model: The impact on job satisfaction, job commitment, and turnover of variations in rewards, costs, alternatives and investments. *Journal of Applied Psychology, 68,* 429-438.
Rusbult, C.E., Farrell, D., Rogers, G. & Mainous, A.G.III (1988). Impact of exchange variables on exit, voice, loyalty, and neglect: An integrative model of responses to declining job satisfaction. *Academy of Management Journal, 31,* 599-627.
Rusbult, C.E., Johnson, D.J. & Morrow, G.D (1986a). Determinants and consequences of exit, voice, loyalty and neglect: Responses to dissatisfaction in adult romantic involvements. *Human Relations, 39,* 45-63.
Rusbult, C.E., Johnson, D.J. & Morrow, G.D (1986b). Predicting satisfaction and commitment in adult romantic involvements: An assessment of the generalizability of the investment model. *Social Psychology Quarterly, 49,* 81-89.
Saal, F.E. (1978). Job involvement: A multivariate approach. *Journal of Applied Psychology, 63,* 53-61.
Salancik, G.R. (1977). Commitment is too easy! *Organizational Dynamics, 6,* 62-80.
Saleh, S.D. & Hosek, J. (1976). Job involvement: Concepts and measurements. *Academy of Management Journal, 19,* 213-224.
Sanford, N. (1955). The dynamics of identification. *Psychological Review, 62,* 106-118.
Schechter, D.S. (1985). *Value and comtinuance commitment: A field test of a dual conceptualization of organizational commitment* (Unpublished master's thesis) University of Maryland: College Park.
Schelling, T.C. (1956). An essay on bargaining. *American Economic Review, 46,* 281-306.
Scholl, R.W. (1981). Differentiating organizational commitment from expectancy as a motivating force. *Academy of Management Review, 6,* 489-599.
Schwenk, C.R. (1986). Information, cognitive biases, and commitment to a course of action. *Academy of Management Review, 11,* 298-310.

Schwyhart, W.R. & Smith, P.C. (1972). Factors in the job involvement of middle managers. *Journal of Applied Psychology, 56*, 227-233.

Sheldon, M.E. (1971). Investments and involvements as mechanisms producing commitment to the organization. *Administrative Science Quarterly, 16*, 143-150.

Shoemaker, D.J., Snizek, W.E. & Bryant, C.D. (1977). Toward a further clarification of Becker's side-bet hypothesis as applied to organizational and occupational commitment. *Social Forces, 56*, 598-603.

Shore, L. M. & Martin, H.J. (1989). Job satisfaction and organizational commitment in relation to work performance and turnover intentions. *Human Relations, 42*, 625-638.

Siegel, A.L. & Ruh, R.A. (1973). Job involvement, participation in decision making, personal background and job behavior. *Organizational Behavior and Human Performance, 9*, 318-327.

Simon, H.A., Smithburg, D.W. & Thompson, V.A. (1950). *Public administration.* New York: Knopf.

Simonson, I. & Staw, B.M. (1992). Deescalation strategies: A comparison of techniques for reducing commitment to losing courses of action. *Journal of Applied Psychology, 77*, 419-426.

Slocum, J.W.jr. & Cron, W.L. (1985). Job attitudes and performance during three career stages. *Journal of Vocational Behavior, 26*, 126-145.

Snizek, W.E. & Little, R.E. (1984). Accounting for occupational and organizational commitment. A longitudinal reexamination of structural and attitudinal approaches. *Sociological Perspectives, 27*, 181-196.

Sprecher, S. (1988). Investment model, equity, and social support determinants of relationship commitment. *Social Psychology Quarterly, 51*, 318-328.

Staw, B.M. (1980). Rationality and justification in organizational life. In L. Cummings & B.M. Staw (Eds.), *Research in Organizational Behavior* (Vol. 2, pp. 45-80). Greenwich, CT: JAI Press.

Staw, B.M. & Ross, J. (1978). Commitment to a policy decision: A multitheoretical perspective. *Administrative Science Quarterly, 23*, 40-64.

Stebbins, R.A. (1970). On misunderstanding the concept of commitment: A theoretical clarification. *Social Forces, 48*, 526-529.

Stebbins, R.A. (1971). *Commitment to deviance. The nonprofessional criminal in the community.* Westport, Co: Greenwood.

Steel, R.P. & Griffeth, R.W. (1989). The elusive relationship between perceived employment opportunity and turnover behavior: A methodological or conceptual artifact? *Journal of Applied Psychology, 74*, 846-854.

Steel, R.P. & Ovalle, N.K. (1984). A review and meta-analysis of research on the relationship between behavioral intentions and employee turnover. *Journal of Applied Psychology, 69*, 673-686.

Steers, R.M. (1977). Antecedents and outcomes of organizational commitment. *Administrative Science Quarterly, 22*, 46-56.

Steers, R.M. & Mowday, R.T. (1981). Employee turnover and post-decision accomodation processes. In L.L. Cummings & B.M. Staw (Eds.), *Research in Organizational Behavior* (Vol. 3, pp. 235-281). Greenwich, CT: JAI Press.

Stengel, M. (1987). Identifikationsbereitschaft, Identifikation, Verbundenheit mit einer Organisation oder ihren Zielen. *Zeitschrift für Arbeits- und Organisationspsychologie, 31*, 152-166.

Stevens, J.M., Beyer, J.M. & Trice, H.M. (1978). Assessing personal, role, and organizational predictors of managerial commitment. *Academy of Management Journal, 21*, 380-396.
Stumpf, S.A. & Hartman, K. (1984). Individual exploration to organizational commitment or withdrawal. *Academy of Management Journal, 27*, 308-329.
Sullivan, J.J. (1983). A critique of theory Z. *Academy of Management Review, 8*, 132-142.
Tett, R.P. & Meyer, J.P. (1993). Job satisfaction, organizational commitment, turnover intention, and turnover: Path analyses based on meta-analytic findings. *Personnel Psychology, 46*, 259-293.
Thibaut, J.W. & Kelley, H.H. (1959). *The social psychology of groups*. New York: Wiley.
Thompson, C.A., Kopelman, R.E. & Schriesheim, C.A. (1992). Putting all one's eggs in the same basket: A comparison of commitment and satisfaction among self- and organizationally employed men. *Journal of Applied Psychology, 77*, 738-743.
Tönnies, F. (1979). *Gemeinschaft und Gesellschaft*. Darmstadt: Wissenschaftliche Buchgesellschaft.
Viteles, M.S. (1953). *Motivation and morale in industry*. New York: W.W. Norton.
Vroom, V.H. (1966). Organizational choice: A study of pre- and postdecision processes. *Organizational Behavior and Human Performance, 1*, 212-225.
Vroom, V.H. & Deci, E.L. (1971). The stability of post-decision dissonance: A follow-up study of the job attitudes of business school graduates. *Organizational Behavior and Human Performance, 6*, 36-49.
Wanous, J.P. (1992). *Organizaional entry*. Reading, MA: Addison-Wesley.
Weissenberg, P. & Gruenfeld, L.W. (1968). Relationship between job satisfaction and job involvement. *Journal of Applied Psychology, 52*, 469-473.
Whyte, G. (1986). Escalating commitment to a course of action: A reinterpretation. *Academy of Management Review, 11*, 311-321.
Wickert, F.R. (1951). Turnover, and employees' feelings of ego-involvement in the day-to-day operations of a company. *Personnel Psychology, 4*, 185-197.
Wiener, Y. & Vardi, Y. (1980). Relationships between job, organization, and career commitments and work outcomes - an integrative approach. *Organizational Behavior and Human Performance, 26*, 81-96.
Williams, L.J. & Hazer, J.T. (1986). Antecedents and consequences of satisfaction and commitment in turnover models: A reanalysis using latent variable structural equation methods. *Journal of Applied Psychology, 71*, 219-231.
Williamson, O.E. (1975). *Markets and hierarchies: Analysis and antitrust implications*. New York: Free Press.
Withey, M.J. & Cooper, W.H. (1989). Predicting exit, voice, loyalty, and neglect. *Administrative Science Quarterly, 34*, 521-539.

Autorenverzeichnis

Abegglen, J.C. 73-75
Agho, A.O. 65
Allen, N.J. 6-7, 42, 45-47, 86
Alonso, R.C. 6
Alutto, J.A. 6, 48
Angle, H.L. 42, 85, 89
Atieh, J.M. 65
Aven, F.F. 88
Barnard, C.I. 69
Bateman, T.S. 64-65
Beauvais, L.L 89
Becker, H.S. 1-7, 14, 24, 33, 40, 42, 46-47, 88, 93
Becker, T.E. 48
Beyer, J.M. 5, 25
Bhagat, R.S. 66
Billings, R.S. 48, 93
Birnbaum, G. 19-20
Black, W.C. 64
Blankenship, A.B. 36
Blau, G.J. 62-64, 70
Blood, M.R. 52
Bluedorn, A.C. 65-66
Boal, K.B. 62-64
Boulian, P.V. VII, 40, 49, 63-65
Bowen, M.G. 19
Breaugh, J.A. 52
Brief, A.P. 65
Brockner, J. 15, 17-20, 33, 47, 87, 89-90
Brooke, P.P.jr. 55
Brown, M.E. 37-38
Bryant, C.D. 6
Buchanan, B.II 39-40, 49, 59
Burke, M.J. 65
Caldwell, D.F. 13, 45-46
Carsten, J.M. 28
Cascio, W.F. 85
Chaiken, S. 9

Champoux, J.E. 59
Chatman, J. 45-46
Csikszentmihalyi, M. 53
Clark, R.C. 73, 75
Coase, R.H. 70
Cohen, A. 2, 8, 21, 43
Conrad, P. 51, 53-54, 61
Cook, J.D. 52
Cooper-Schneider, R. 87
Cooper, E.A. 89
Cooper, W.H. 31
Crampon, W.J. 40
Cron, W.L. 57
Curry, J.P. 65
Davis-LaMastro, V. 86
Day, N.E. 63
Dayal, I. 55
Deci, E.L. 11, 22
Deitcher, J. 19-20
Dodd, N.G. 75
Dougherty, T.W. 65-66
Drigotas, S.M. 30
Dubin, R. VII, 40, 51, 54, 59
Durick, M. 66
Eagly, A.H. 9
Eisenberger, R. 86
Etzioni, A. 69, 83
Falcone, G. 82
Farkas, A.J. 65
Farr, J.L. 53
Farrell, D. 14, 29, 30-33, 65
Fasolo, P. 86
Fest, J.C. 86
Fichman, M. 22
Fiske, A.P. 73
Ford, R.C. 7
Furnham, A. 65
Futrell, C.M. 64

Gaertner, K.N. 42
Gellatly, I.R. 7, 42-43
Gerhart, B. 27-28
Geyer, P.D. 27
Glisson, C. 66
Goffin, R.D. 42-43
Goodale, J.G. 56
Gould, S. 59, 88
Gouldner, A. 62
Gouldner, H.P. 93
Graddick, M.M. 53
Gregersen, H.B. 48, 93
Griffeth, R.W. 27
Gruenfeld, L.W. 55
Hachiya, D. 27
Hackman, J.R. 52, 56
Hall, D.T. 38-39, 52, 54, 56-57
Hamilton, V.L. 85
Hartman, K. 13
Hatvany, N. 73
Hazer, J.T. 64-65
Hepworth, S.J. 52
Herzberg, F. 55
Hirschman, A.O. 29, 31
Hofstede, G. 75
Holland, J.L. 13
Hosek, J. 52
Houser, R. 19-20
Hrebiniak, L.G. 6, 48
Hulin, C.L. 27, 52
Huselid, M.A. 63
Jackson, D.N. 42-43
Jaeger, A.M. 68-69, 73
Johnson, D.J. 30
Johnston, M.W. 64
Jones, G.R. 86
Kagan, J. 36
Kahneman, D. 19, 89
Kalleberg, A.L. 75
Kanter, R.M. 76-77, 79, 81-82
Kanungo, R.N. 52, 54-55

Katz, D. 92
Kaufman, S. 56
Kejner, M. 50-52, 54, 56-57, 60
Kelley, H.H. 29-30
Kelman, H.C. 37-38, 44-45
Keon, T.L. 65-66
Kidron, A. 59
Kiesler, C.A. 9-12, 14, 24, 33, 40, 47, 65
Kline, C.J. 13-14
Kopelman, R.E. 59
Korabik, K. 60, 66
Kotter, J.P. 71
Krackhardt, D. 85
Kuleck, W.J. 11-12
Lawler, E.E.III 11-12, 25, 52, 54, 56-57
Lawler, J. 27
Leck, J.D. 31
Lee, T.W. 42, 60
Levinthal, D.A. 22
Lincoln, J.R. 75
Little, R.E. 25
Lloyd, K. 19-20
Locke, E.A. 50, 64
Lodahl, T. 50-52, 54, 56-57, 60
Lorence, J. 55-57
Lowenberg, G. 2, 8, 21
Luhmann, N. 24
Luthans, F. 75
Mainous, A.G.III 30-32
Mannari, H. 73-75
March, J.G. 43, 70
Marks, S.R. 88
Marsh, R.M. 73-75
Martin, H.J. 66
Mathieu, J.E. 35, 48-49, 53, 59
Maurer, J.G. 51
Mausner, B. 55
Mayer, R.C. 42-43
Mayo, E. 68

McCaul, H.S. 75
McDade, T.W. 12
McEvoy, G.M. 85, 88
McGee, G.W. 7
McKelvey, B. 49
McNeely, B.L. 92
Meglino, B.M. 92
Meyer, J.P. 6-7, 42-43, 45-47, 63-64, 66-67, 86
Misra, S.B. 54-55
Mobley, W.H. 84-85
Morgan, M.A. 56
Morrow, G.D. 30
Morrow, P.C. VII
Mortimer, J.T. 55-57
Moser, K. 2, 21, 31, 54, 56, 60-62, 66-67
Mowday, R.T. VII, 11-12, 14, 33-34, 39-42, 47, 49, 60, 63-65, 83, 85-87, 92
Mueller, C.W. 65
Murphy, K.R. 35
Nathanson, S. 19-20
Newton, L.A. 89
Nollen, S.D. 42
Northcraft, G.B. 19
Nygren, H.T. 38-39
O'Connor, E.J. 66
O'Reilly, C.A.III 13, 45-46
Oliver, N. 14, 30
Organ, D.W. 92
Orpen, C. 56
Ouchi, W.G. 68-73, 83, 92
Ovalle, N.K. 63
Padovani, M. 82
Parasuraman, A. 64
Park, K.K. 54
Parker, B. 88
Paunonen, S.V. 42-43
Perry, J.L. 42, 85, 89
Peters, L.H. 13-14, 66

Pfeffer, J. 27
Pond, S.B.III 27
Porter, L.W. VI-VII, 12, 14, 33-34, 39-42, 47, 49, 59, 63-65, 83, 85-87
Price, J.L. 55, 65
Pucik, V. 73
Rabinowitz, S. 52, 56-57
Randall, D.M. 42, 47, 75, 83, 85-86, 88-90, 92
Reichers, A.E. 25, 48, 93
Rhode, J.G. 11-12
Rhodes, S.R. 57
Ritzer, G. 4-6
Robinson, B.S. 65
Rogers, G. 30-32
Rogosa, D. 65
Romzek, B.S. 88-89
Rosenstiel, L.v. 54
Rosin, H.M. 60, 66
Ross, J. 20, 26
Roznowski, M. 27
Rubin, J.Z. 15, 17-20, 33, 47, 89-90
Ruh, R.A. 51
Rusbult, C.E. 14, 29-33, 47, 51, 65
Russell, D. 55
Saal, F.E. 51
Salancik, G.R. 8, 12, 14, 34, 40, 85, 87, 90
Saleh, S.D. 52
Sanders, J. 85
Sanford, N. 36
Saunders, D.M. 31
Schechter, D.S. 42
Schelling, T.C. 2
Schneider, B. 38-39
Scholl, R.W. 28-29, 89
Schoorman, F.D. 42-43
Schriesheim, C.A. 59
Schuler, H. 54, 56, 61-62
Schwenk, C.R. 90
Schwyhart, W.R. 54

Scott, W.R. 70
Sekaran, U. 49
Sheldon, M.E. 4, 39
Shoemaker, D.J. 6
Shore, L.M. 66, 89
Siegel, A.L. 51
Simon, H.A. 43, 70, 73, 93
Simonson, I. 90
Slocum, J.W.jr. 57
Smith, C.A. 45
Smith, F.J. 40
Smith, P.C. 54
Smithburg, D.W. 93
Snizek, W.E. 6, 25
Snyderman, B. 55
Sørensen, J.E. 11-12
Spector, P.E. 28
Sprecher, S. 30
Staw, B.M. 10, 20, 26, 47, 90
Stebbins, R.A. 4-5, 7, 47, 87
Steel, R.P. 27, 63
Steers, R.M. VII, 11-12, 14, 33-34, 39-42, 47, 49, 63-65, 83, 85-87
Stengel, M. 46-47
Stevens, J.M. 5, 25
Strasser, S. 64-65
Stuhler, E.A. 54
Stumpf, S.A. 13
Sullivan, J.J. 13, 73, 83
Tetrick, L.E. 65
Tett, R.P. 63-64, 66-67
Thibaut, J.W. 29-30
Thompson, C.A. 59
Thompson, V.A. 93
Tönnies, F. 81, 83
Trice, H.M. 4-6, 28
Tversky, A. 19, 89
Tyler, T.R. 87
Vardi, Y. 42, 60
Viteles, M.S. 34, 36, 64
Vroom, V.H. 11, 22

Wakefield, D.S. 65
Wall, T.D. 52
Wanous, J.P. 31
Warr, P.B. 52
Webster, J. 65
Weissenberg, P. 55
Werbel, J.D. 59, 88
Whyte, G. 19-20
Wickert, F.R. 35-36
Wiener, Y. 42, 60
Williams, L.J. 64-65
Williamson, O.E. 70-71
Withey, M.J. 31
Wolf, G. 19
Yoon, J. 25
Zacherl, M. 65
Zajac, D.M. 35, 48-49, 59

Stichwortverzeichnis

Abwanderung und Widerspruch 31-33
Alter, siehe Lebensalter
Anstrengungsbereitschaft 39, 42, 50, 60
Arbeit als zentrales Lebensinteresse
   50-51, 54, 59
Arbeitsgestaltung 48, 56
Arbeitsmarktbedingungen 23, 28
Arbeitsplatzalternativen 7, 12-13, 23,
   27, 29-30, 67
Arbeitsplatzwechsel 7, 28
Arbeitszufriedenheit 4, 16, 23, 27,
   30-32, 43, 50, 54-55, 63-67, 92
Ausbildungsniveau 3-4, 66
Autonomie 55-57
Belohnungen VI, 4-5, 45
Bestrafungen VI, 4-5
Bewerbungsweg 31
Bezahlung 37
Clan 71-72
Commitment
   affektives 6, 42
   Arten von (Übersicht) 7, 47
   austauschbezogenes 5, 28
   duales 89
   einstellungsbezogenes 40
   emotionales 46
   eskalierendes 10, 18, 89-90
   Focus von 48, 93
   fortsetzungsbezogenes 4-7, 42-43
   instrumentelles 45
   Messung von 6-7, 43, 45
   moralisches 46
   normatives 45
   organisationales V, 11, 34-35, 59,
      64-65
   sozialpsychologisches 11
   strukturelles VII, 5, 7
   verhaltensbezogenes 11, 13, 24, 29,
      40
   wertbezogenes 4-5, 42-43
Cosa Nostra 82

Erwartungsenttäuschungen 12, 60
Familie 62, 68, 88
Fanatismus 77, 85, 94
Flitterwochen-Effekt 22
Flowerlebnis 53
Fluktuation 13, 21-22, 27, 34-40, 60,
   62-64, 84-87
Fluktuationsneigung 20-22, 28, 42, 45
Identifikation 29, 36-40, 45-48
Identität, soziale 4
Innovationsbereitschaft, 85-86
Integrität 34-35
Internalisation 43-45
Investitionen 3, 6-7, 10, 12, 16, 19, 21,
   24, 28, 31, 79
Involvement 39
   Work 49, 52
   Job 49, 52
   Messung von 50-51, 54
   Definitionen von 50-51
Kooperation 70, 76, 92
Lebensalter 3-4, 66
lebenslange Beschäftigung 68, 75
Leistung, berufliche VII, 42-43, 74, 84,
   92
Loyalität 31-32, 38-39, 42, 46, 75
Metaanalyse 8, 47, 63, 67
Moral 34-35, 64
Organizational Commitment
   Questionnaire 42-43
Organisationszugehörigkeit, Dauer der
   3, 9, 21, 39, 43
Partizipation bei Entscheidungen 35-38
Rechtfertigung 10, 12, 14-15, 20, 25
Reziprozität 29
Seitenwette (side bet) 2-3, 6, 14, 25
Selbstwert 51, 58
Stellenangebot, alternatives VI, 9, 31
Transaktionskosten 70-73
Verantwortlichkeit 10
Vertrauen 24, 70